Síndrome
del corazón roto

Linda Watson

Editorial Anuket

Temario:

Capítulo 1
Amor y Desamor:
El comienzo del dolor

En este primer capítulo, exploraremos las complejidades del amor y cómo las relaciones íntimas se convierten en una parte fundamental de nuestras vidas. Examinaremos la felicidad que el amor puede traer, pero también la vulnerabilidad que experimentamos cuando el amor se desvanece. Presentaremos conceptos claves como la dependencia emocional y cómo las rupturas pueden afectar profundamente nuestra salud mental y emocional.

En el transcurso de la vida, el amor se erige como un faro luminoso que guía nuestras emociones y define nuestras relaciones. Pero este mismo amor, que puede elevarnos a las alturas de la felicidad, también nos expone a las profundidades del desespero cuando se desvanece. A continuación, exploraremos las raíces del amor y el desamor, destilando la esencia de estas emociones complejas que dan forma a nuestras experiencias más íntimas.

¿Qué es el amor?

Desde un punto de vista psicológico, el amor todavía tiene límites muy difusos. Cuando una persona ve el objeto de su amor, los latidos de su corazón se aceleran, su pulso aumenta y su comportamiento cambia. El amor puede tener un efecto tanto destructivo como inspirador en una persona.

El amor surge por sí solo y no está sujeto a la razón. Algunos psicólogos sostienen que el amor es una forma de socialización humana, y un engaño de la naturaleza para que ambos sexos se apareen. Otros lo llaman el resultado de la producción de hormonas sexuales.

No hay consenso sobre la definición de amor. Freud lo vio como la energía de los impulsos primarios. Lo llamó atracción provocada por la actividad de la libido. El filósofo Jacques Lacan expresó la teoría de que el amor va acompañado de escasez. Provoca en una persona la necesidad de poseer a otra. Karen Horney, a su vez, llama al amor una manifestación de neurosis. Considera que la pasión expresada es un síntoma de insatisfacción sexual. El humanista Maslow consideraba el amor como una de las necesidades, que es también una motivación impulsora. Sostuvo que el hombre necesita igualmente estabilidad, seguridad, respeto por sí mismo y amor. Dividió el amor en deficitario y existencial. El primero es un medio para satisfacer las propias necesidades, y el existencial se caracteriza por el cuidado y la dedicación.

El concepto de amor en psicología tiene varias interpretaciones contradictorias. Los expertos dicen que el amor verdadero es similar al amor por un hijo. Se caracteriza por una dedicación total y la capacidad de empatizar. No obstante, el amor de pareja es condicional, o sea, si se viola una sola norma que se considera importante (como la fidelidad) el amor se derrumba, pero el amor por un hijo es incondicional, y no importa lo que éste haga, el padre (o más bien la madre) lo amará incondicionalmente.

Hay tres definiciones principales de amor:

• El amor es un estado de enamoramiento, acompañado de obsesión por una persona. Una persona enamorada se aleja de la realidad, pierde la vigilancia y su atención se debilita.

• El amor es el hábito de interactuar constantemente con una persona. Puede ser alimentado por emociones placenteras y una sensación de satisfacción.

• El amor es dependencia del objeto de tu deseo. Se le ha comparado con una adicción a las drogas. Esta definición se basa en la liberación de hormonas de la felicidad en una persona enamorada. El amor es un sentimiento que escapa al control del cerebro. No se puede analizar ni evaluar.

El amor, en sus diversas formas, se presenta como un poderoso agente de conexión humana. Desde el amor platónico hasta el romántico, desde el amor filial hasta el amor propio, cada variante tiene su propia complejidad y profundidad. El amor se convierte en una parte integral de nuestra identidad y nuestras relaciones amorosas a menudo se convierten en un espejo de nuestros anhelos y miedos más profundos.

El amor se confunde muy a menudo con la simpatía y la atracción sexual, sin embargo, tiene varias características distintivas. En psicología se distinguen los siguientes signos de amor:

- **Indiferencia hacia otras personas**. Incluso si se observan señales de atención por parte de otros objetos, la persona enamorada permanece indiferente ante ellos.

- **La necesidad de desarrollar relaciones**. Si una persona quiere algo más de lo que está disponible en este momento, podemos hablar de amor.

- **Sin dudas internas**. Una persona enamorada adquiere confianza en que ha tomado la decisión correcta a favor de su pareja.

- Hay motivación para mejorar. Una persona enamorada se esfuerza por mostrar su mejor lado.

- Si hay amor verdadero entre dos personas, **disfrutan de estar juntos** incluso en absoluto silencio.

- Una persona enamorada **no puede responder claramente qué le atrajo de su pareja**. Ama no por algo, sino a pesar de todo.

- **Existe el deseo de ponerse del lado de su pareja** en cualquier situación controvertida. El amor va acompañado de la capacidad de perdonar.

El primer amor

El primer amor se considera una de las emociones más vívidas. Se habla mucho de ella en películas románticas y obras literarias. Para una persona, el primer amor es una prueba seria, cuyo resultado determina la formación final de la personalidad.

Algunos psicólogos dicen que el primer amor es característico de la adolescencia, mientras que otros expertos llaman a la adolescencia a veces el período del enamoramiento. El primer amor se considera puro e inocente. En ello no hay lugar para el interés propio y la manipulación. Por eso evoca las emociones más agudas. Si te enamoras durante la adolescencia, los sentimientos que surgen se intensifican bajo la influencia de las hormonas. En este contexto, surge el deseo de concretar una relación.

En psicología se acepta generalmente que el primer amor no se olvida. Y esto es comprensible, porque todo lo que le sucede a una persona por primera vez queda almacenado en la memoria durante mucho tiempo. Todas las relaciones posteriores se comparan automáticamente con el primer amor. Rara vez se convierte en algo serio. Debido a esto, hay una cierta subestimación e incompletitud.

¿Cómo es el amor en los hombres y en las mujeres?

La psicología de hombres y mujeres en las relaciones es radicalmente diferente. Los hombres ante todo prestan atención a la apariencia de una mujer. Su interés a menudo provoca atracción sexual. Las mujeres son más románticas. Pueden sentirse atraídas por la sensibilidad, la calma y la determinación de un hombre.

La psicología de los hombres en el amor y las relaciones se basa en el deseo de proteger a su mujer. Por eso las mujeres que no temen mostrar sus debilidades tienen la mayor demanda. Los hombres son más tacaños con las emociones. Se esfuerzan por demostrar su amor con hechos, no con palabras. La psicología de la mujer enamorada se basa en el deseo de formar una familia, son más emocionales e impresionables. A menudo idealizan a su ser querido y ven las relaciones a través de lentes color de rosa. Una mujer enamorada florece y trata de cuidarse más. El amor le sirve de motivación e inspiración.

Tipos de amor

Existen varios tipos de manifestaciones de amor, y cada uno de ellos tiene derecho a existir. A veces se combinan varios tipos a la vez. La clasificación se ha desarrollado desde la época de la Antigua Grecia, pero no ha perdido su relevancia hasta el día de hoy.

• **Amor del consumidor.** Basado en el beneficio mutuo. Una persona puede estar interesada en el dinero, la intimidad o la atención.
• **Obsesión.** Se desarrolla en el contexto del deseo sexual. Esto es lo que a menudo conduce al nacimiento de una familia. Algunas parejas logran mantener la pasión en su relación durante mucho tiempo.

- **Amor amistoso.** Basado en el respeto mutuo y los intereses comunes. También se considera una buena opción para crear una unión familiar.
- **Amor racional.** Implica un enfoque razonable para crear relaciones. Se basa en la necesidad de comodidad. En tales relaciones, los roles sociales de los socios están claramente distribuidos.
- **Storge** es el amor formado sobre el sentido del deber. Por regla general, hablamos de relaciones duraderas que se han convertido en un hábito.
- **Ágape** es un tipo de amor desinteresado como el que una madre tiene por sus hijos. Se basa en la devoción y la dedicación total.

Diferencias entre amor, pasión, enamoramiento y afecto

El amor muchas veces se confunde con el cariño, la pasión y el enamoramiento. Todas estas emociones son similares entre sí: el deseo de pasar tiempo con una determinada persona.

El amor y el enamoramiento en psicología están indisolublemente ligados entre sí. El enamoramiento se considera un precursor del amor. Se desarrolla en las primeras etapas del noviazgo. Sus síntomas característicos incluyen cambios de humor, insomnio e incluso aumentos repentinos de presión. Por la naturaleza de su manifestación, el amor se compara con una enfermedad. Puede causar confusión y distracción. Enamorarse es mucho más egoísta que amar. Una persona enamorada se guía principalmente por sus propios deseos. No piensa en cómo se siente el objeto de su deseo. Para él, sus propios sentimientos y emociones son primordiales.

Por su parte, **la pasión** se basa en la atracción física hacia una persona. Ocurre bajo la influencia de un aumento hormonal. En psicología, existe una explicación simple para la diferencia entre pasión y amor: la pasión puede manifestarse en relación con varias personas al mismo tiempo y el amor suele ser monógamo.

Los signos característicos de la pasión incluyen: atracción sexual hacia una pareja; falta de perspectivas para el desarrollo de relaciones; las peleas y los escándalos terminan en intimidad; Los sentimientos se desvanecen tan rápido como aparecen.

El apego es un sentimiento de cercanía basado en el amor o la simpatía. Es típico de parejas que llevan mucho tiempo en una relación. La principal diferencia entre apego y amor en psicología es el miedo a perder la relación. Puede ir acompañado de celos y deseo de controlar a la pareja. El apego también se caracteriza por la falta de desarrollo personal de la pareja.

Por otra parte, también podemos hablar de la **"dependencia emocional"**. El amor puede ser una droga poderosa, y al igual que cualquier sustancia adictiva, puede llevar a la dependencia afectiva irracional y fuera de control. Existe un grupo de personas que a menudo se aferran a relaciones insalubres debido a la necesidad de amor y validación, incluso cuando estas relaciones se vuelven tóxicas.

Etapas del amor en una relación

La naturaleza de una relación amorosa entre dos personas puede cambiar. Esto se debe a su transición de una etapa a otra. Cada uno de ellos puede tomar un período de tiempo diferente. Depende del temperamento de la pareja y de factores externos.

Se suelen identificar las siguientes etapas del amor en una relación:

• **Conocido y simpatía**. En esta etapa, los socios se miran más de cerca. Surge una atracción mutua entre ellos. El enamoramiento dura de 1 a 1,5 años. Se caracteriza por la producción activa de endorfinas. Los amantes sólo ven rasgos positivos el uno en el otro. El pensamiento racional en este caso está bloqueado.

• **La etapa de sobriedad** va acompañada de un apaciguamiento de las pasiones. Los socios comienzan a evaluarse unos a otros de manera más crítica. Cada uno de ellos pasa a primer plano con sus propios intereses. En esta etapa suelen surgir situaciones conflictivas.

• **Zona de confort.** Los socios se acostumbran el uno al otro, les resulta sencillo y fácil estar juntos. Ya saben cómo encontrar compromisos cuando surgen cuestiones controvertidas.

• **La etapa de rechazo** se desarrolla en un contexto de monotonía. En este caso, la vida es tranquila, pero la atracción física puede desvanecerse. Muchas parejas se separan en esta etapa de la relación. Los socios dejan de ver lo bueno el uno en el otro. Sólo notan lo negativo.

•   **Renacimiento de sentimientos.** Si la pareja logró superar el período anterior, sus sentimientos se encienden con un nuevo fuego. El romance y la actitud reverente hacia el otro reaparecen en la relación. Al mismo tiempo, también se fortalece el vínculo familiar.

•   **El respeto mutuo.** Se caracteriza por la total aceptación de los socios de cada uno. Ya saben cómo suavizar las asperezas y valorar las relaciones.

Lenguajes básicos del amor

Cada uno de nosotros muestra el amor a su manera. Algunas personas consideran que el tiempo dedicado a una persona es el recurso más valioso, mientras que otras intentan colmar de regalos a su pareja. En las relaciones, es importante guiarse no sólo por las ideas propias sobre el amor, sino también por los deseos del ser querido. Esto permitirá que ambos expresar sus sentimientos en un idioma que se comprenda.

Se suelen distinguir los siguientes lenguajes del amor:

Palabras de aliento. A algunas personas les resulta importante escuchar palabras de aprobación y elogios de un ser querido. La gratitud y las disculpas son especialmente importantes para esas personas. Se debe hablar con ellos en un tono amistoso.

El tiempo. En este caso hablamos de pasar tiempo juntos.

Los obsequios. Existe una categoría de personas que miden el grado de amor con regalos. Intentan darle regalos a su ser querido y esperan acciones similares hacia él.

La ayuda. Puede referirse tanto a asuntos cotidianos como a algo global.

El tacto se considera el quinto lenguaje del amor. El contacto táctil es muy importante para expresar los sentimientos. Esto incluye abrazos, besos y toques ligeros. El amor es un sentimiento complejo que nos ayuda a afrontar muchas de las dificultades de la vida. Esto es lo que está en el centro de la creación de relaciones sólidas y armoniosas.

La vulnerabilidad del desamor

Cuando el amor se desvanece, nos encontramos en un terreno desconocido lleno de dolor y confusión. La ruptura de una relación íntima puede desencadenar una serie de emociones intensas, desde la tristeza profunda hasta la ira abrasadora. La vulnerabilidad se convierte en una compañera constante en este viaje, y el corazón roto no solo es una metáfora, sino una experiencia física y emocionalmente tangible que puede afectar incluso nuestras actividades diarias más simples.

Cuando una relación termina, el mundo que conocemos se tambalea. Las rupturas a menudo desencadenan una crisis existencial, llevándonos a cuestionar nuestra identidad, valores y creencias fundamentales. Las rupturas pueden desafiar nuestra comprensión del yo, y este desafío puede, paradójicamente, ofrecer oportunidades para el crecimiento personal y el autodescubrimiento.

Capítulo 2
El ciclo del duelo:
Navegando a través del dolor

Cuando el amor se evapora y las relaciones se rompen, nos encontramos atrapados en un torbellino emocional que a menudo se siente insuperable. El duelo, es un viaje inevitable pero necesario que se sigue después de una pérdida significativa.

En este segundo capítulo, analizaremos el proceso del duelo que sigue a una ruptura. Explicaremos sus diferentes etapas, desde la negación hasta la aceptación, y proporcionaremos estrategias para enfrentar cada etapa de manera saludable.

Causas del fin de una relación

¿Por qué algunas parejas se separan mientras otras continúan su viaje de la mano? Hay muchas suposiciones: para algunos, la vida cotidiana es aburrida, para otros, la pasión desaparece de las relaciones; y en otras, los milagros de la fuerza y durabilidad se muestran en relaciones que están lejos de ser ideales. Y nuevamente surgen las preguntas: ¿por qué ignoramos las señales de alerta con algunas personas, pero no damos a otras la más mínima posibilidad de error?

Nuestras decisiones de romper (o permanecer en una relación) están influenciadas por muchos factores.

Para algunos, la compatibilidad sexual es importante, para otros es la coincidencia de personalidades, planes de vida o al menos signos del zodíaco. ¿Pero existe una correlación entre estos factores?

Estos son los principales motivos de separación, en orden de prioridad, según estudios científicos:

- La no aceptación de la personalidad o el carácter de la pareja.
- Abuso de confianza
- La salida independiente de una pareja de una relación (cuando el demandado no fue el iniciador de la separación)
- Factores externos
- Relación a larga distancia
- Conflictos internos
- Incompatibilidad de pareja (física, sexual y otras)
- Indisponibilidad emocional de una pareja
- Devaluación por parte del socio (o cuando el socio no valora lo suficiente)
- Dificultades financieras

Pero, además de los motivos de la separación, también se encuentran los motivos principales para mantener la relación:

- Intimidad emocional
- Compartir responsabilidades familiares (o deberes familiares)
- Compatibilidad en la personalidad y carácter de la pareja.
- Placer de las relaciones
- Sentirse seguro en las relaciones

- Intimidad física
- "Bonificaciones" financieras y materiales
- Protección

Se pueden observar patrones bastante interesantes. Por ejemplo, que la personalidad y el carácter de la pareja juega un papel mucho más importante en cuestiones de separación, pero no cuando pensamos continuar la relación. Es decir, si nuestra contraparte nos parece una persona regular, es más probable que pisemos el freno. Pero si nos parece un "buen chico", entonces no nos apresuramos a llamar a esta persona "el amor de nuestra vida".

Las cuestiones financieras merecen una atención especial. Aunque el dinero se considera la raíz de todos los problemas en una relación, solo se encuentra al final de la lista de las razones más convincentes para romper. Al mismo tiempo, por supuesto, las cuestiones financieras siguen siendo una de las principales razones de los divorcios.

El desafío es que, si bien los investigadores pudieron categorizar estas razones para romper y mantener relaciones, todavía tienen problemas para explicar por qué algunas duran más que otras. Pero el hecho es que los propios encuestados estuvieron de acuerdo: tienden a ignorar incluso las "señales de alerta" más obvias.

¿Por qué ignoramos las señales de alerta en las relaciones?

Descubrir y enumerar los motivos de la separación no es difícil. Hoy en día, la mayoría de la gente estaría de acuerdo en que si hay violencia emocional (y aún más si es física) en una relación, entonces la víctima debería reaccionar y huir. Lo más probable es que incluso una persona en una relación así aconseje a su acosador que se vaya de inmediato. Pero resulta, en muchos casos, que la víctima, a pesar del sufrimiento continúa viviendo o comunicándose con su pareja tóxica. ¿A qué se debe? Veamos algunas de las razones:

- **Efecto halo**

El efecto halo es un sesgo cognitivo común que nos hace creer más en nuestras primeras impresiones que en nuestras propias conclusiones lógicas. Por tanto, si en la primera cita nos pareció que el elegido tenía las mejores cualidades, entonces en el futuro, ante comportamientos poco discretos y tóxicos, podemos consolarnos con las frases: "Fue solo un día duro", "Simplemente está cansado/a", incluso si esto se repite.

- **Falsas instalaciones**

A menudo, poner fin a relaciones difíciles y destructivas se ve impedido por las propias actitudes falsas: "Si lo soportas, te enamorarás", "Un poco de amor definitivamente convertirá a un monstruo en un príncipe" y, por supuesto, "Todos los problemas vienen de la falta de hijos/sexo/anillos de boda". A menudo, como resultado de tales actitudes, las personas se responsabilizan de cosas que están mucho más allá de su control: el comportamiento de su pareja, sus valores y objetivos en la vida. Pero como estas actitudes están dictadas desde la infancia y muchas veces son transmitidas por adultos importantes, incluso en la edad adulta no siempre pensamos que fueran incorrectas.

- **Miedo a admitir un error**

Romper significa "anular" casi toda la experiencia de una relación con una persona. Los planes conjuntos, los recuerdos de las vacaciones, los momentos vividos juntos: cuando les cortaron el agua caliente y se echaron agua tibia de un lavabo, tuvieron su primera mascota, etc. se envían al rincón más alejado de la memoria. Dejar recuerdos agradables en el pasado es difícil, como también lo es el recuerdo de cómo se juraron estar siempre juntos y se les ocurrió los nombres de sus futuros hijos. Pero el hecho de que se decida romper con una persona no convierte la relación y las esperanzas asociadas con la pareja en un error. Recuerde, es un error permanecer cerca de alguien que hace daño o viola su sentido de seguridad.

Los científicos han descubierto que incluso las personas que están profundamente enamoradas notan "señales de alerta" en las relaciones, pero en un esfuerzo por mantener una conexión con sus seres queridos, pueden hacer la vista gorda. Desgraciadamente, esta estrategia no hace desaparecer los problemas. Pero cuando aparecen las primeras "señales de alarma", se pueden discutir y expresar las preocupaciones. Quizás tu pareja acepte escucharte y tener en cuenta tus comentarios, y este diálogo ayudará a no llevar la relación al conflicto.

Efecto fantasma

El efecto fantasma es el final abrupto de una relación sin motivo aparente. El término en sí se originó a partir de jugadores profesionales de póquer en línea que se hacían pasar por principiantes y ganaban dinero. Fueron llamados "fantasmas". Posteriormente, el término empezó a aplicarse a hombres que conocían chicas, pasaban una noche con ellas y desaparecían sin dejar rastro por la mañana.

Con la llegada de las redes sociales, el efecto fantasma ha adquirido un nuevo significado: evitar la comunicación. La mayoría de las veces, esta situación surgió en las aplicaciones de citas, cuando uno de los interlocutores primero mostró interés y luego desapareció, agregando a la persona a la lista negra. Ahora tanto a hombres como a mujeres se les llama fantasmas, y el fantasma en sí ocurre no solo en las relaciones románticas, sino también en las amistades e incluso en el trabajo. Según un estudio del Journal of Social and Personal Relationships, el 25% de los encuestados ha sido víctima de un fantasma al menos una vez. Al mismo tiempo, es importante comprender que el fantasma se considera la interrupción de una relación exitosa, y si una persona huye de la comunicación con un abusador, entonces se trata más de protección.

Tipos de relaciones fantasmas:

- **En una relación romántica**
El referido estudio de 2018 encontró que una cuarta parte de los encuestados habían sido víctimas de

fantasmas en una relación romántica, mientras que una quinta parte admitió que ellos mismos habían terminado una relación ignorando a su pareja.

La imagen del fantasma también puede ocurrir en relaciones incipientes. Por ejemplo, una persona se corresponde activamente, lo invita a citas, pero luego interrumpe abruptamente la comunicación. Para los fantasmas, se trata de un coqueteo menor que no pretende traducir en una relación seria.

- **En términos amistosos**

El efecto fantasma es incluso más común en las amistades que en las relaciones románticas. Según la misma encuesta, un tercio de los encuestados confirmó que había experimentado una dolorosa ruptura de amistad debido al fantasma.

A menudo una persona regresa cuando necesita ayuda, un consejo o un hombro amigo donde llorar. Habiendo mejorado sus asuntos, desaparecerá tan repentinamente como apareció.

- **En las relaciones comerciales**

Muy a menudo, los empleadores se encuentran con fantasmas: los solicitantes de empleo no se presentan a las entrevistas o desaparecen durante el período de prueba. La mayoría afirma que la vacante es atractiva, pero no vuelven a llamar ni se presentan a trabajar.

¿Por qué el fantasma se comporta así?

Una persona que se encuentra con fantasmas intenta, en primer lugar, comprender por qué le hacen esto. A continuación, se presentan algunas posibles causas del efecto fantasma:

Apego evitativo. Estas personas tienen miedo de acercarse a la gente, desconfían y creen que nadie les interesa realmente. Los psicólogos Omri Gillath y Tara J. Collins de la Universidad de Kansas y la Universidad de Winthrop realizaron un estudio que demostró que las personas con un tipo de apego evitativo utilizan con mayor frecuencia métodos "indirectos" para poner fin a las relaciones.

Miedo a los conflictos. La ruptura de una relación es una situación impredecible que puede ir acompañada de preguntas incómodas, gritos, lágrimas o incluso amenazas. Se necesita cierta valentía para decirle a alguien la verdad. Las personas que están acostumbradas a evitar situaciones conflictivas piensan que será más fácil desaparecer, y quienes son rechazados tarde o temprano dejarán de recordarlas.

Entorno en línea. La comunicación en Internet es significativamente diferente de la comunicación personal. Cuando una persona conoce a alguien en línea y no tienen amigos en común, lugares de estudio, trabajo o cualquier otra conexión, se vuelve más fácil desaparecer sin incurrir en responsabilidad adicional.

Miedo a la intimidad. La persona no puede soportar el apego emergente y decide alejarse abruptamente. Para no darle la más mínima oportunidad a la relación, no se pone en contacto en absoluto. Para que un simple "adiós" no desemboque en una conversación que le haga cambiar de opinión.

Incapacidad para asumir la responsabilidad. Una persona no soporta los conflictos y no le gusta "arreglar las cosas". Su estrategia no es solucionar el problema, sino evitarlo.

Miedo a los sentimientos fuertes de otra persona. Una persona no puede soportar el resentimiento, la ira, la tristeza, esos sentimientos que surgen en respuesta a su decisión de dejar de comunicarse. Después de todo, rara vez alguien reacciona con entusiasmo ante la noticia de una ruptura. Para no encontrarnos con el difícil estado de otro, es más fácil desaparecer y bloquear el contacto.

Falta de empatía, devaluación de las relaciones. A una persona le parece que sí ha decidido terminar la relación por sí mismo, es suficiente: "para mí ya se acabó todo, y eso es lo principal". No quiere perder tiempo y esfuerzo en algo que ya no tiene valor. Y no importa que haya cosas agradables y buenas también: todo se reinicia.

¿Cómo se siente la víctima del fantasma?

Dolor. Ignorar es una de las formas más tóxicas de relacionarse. Naomi Eisenberger, profesora de psicología social de la Universidad de California en Los Ángeles, realizó un estudio que encontró que cuando una persona es rechazada, se activan las partes del cerebro responsables del dolor físico.

Incompletitud. Cuando una persona no termina lo que empezó, se activa el efecto Zeigarnik: la persona recuerda mejor y se obsesiona con las cosas inacabadas, repitiendo los acontecimientos en su cabeza una y otra vez en busca de respuestas.

Ansiedad y disminución de la autoestima. Cuando un amigo o pareja desaparece sin explicación, deja a la víctima en el limbo. Una persona intenta comprender lo que pasó o salió mal, comienza a buscar posibles motivos del fin de la relación, lo que puede generar complejos y baja autoestima. La víctima está completamente perdida y no sabe qué hacer: esperar a que el "fantasma" responda o aparezca en el horizonte, tratar de encontrarlo y descubrir qué pasa, o aceptar el hecho de que la relación es encima.

¿Qué hacer si se es víctima de un fantasma?

Desafortunadamente, es imposible protegerse del fantasma: en cualquier relación no hay garantía de que la persona no desaparezca después de un tiempo. A menudo las víctimas se vuelven frías, desconfiadas y retraídas porque han experimentado emociones que se parecen al dolor físico. A continuación, se ofrecen algunos consejos:

- **Recuerda que no es tu culpa**
Si no abusaste física o emocionalmente del fantasma, no tienes nada de qué culparte. Eres responsable únicamente de tus propias acciones y las acciones de los demás no deberían afectar negativamente tu autoestima.

- **Aceptar el fin de una relación**

Acepta que la persona terminó la relación, incluso si no lo dijo directamente. No te cierres: habla con tus seres queridos y permítete expresar tus emociones.

- **Quema tus puentes**

No esperes a que aparezca el fantasma, borra su número para no tener que escribirle ni llamar, borra fotos y vídeos si eso te hace sentir mejor. Haz todo lo posible para evitar pensar en el fantasma, al menos por primera vez, si te trae un gran sufrimiento.

- **Date tiempo**

No reprimas tus emociones en un intento de deshacerte de la tristeza más rápido. La recuperación es un proceso individual que requiere paciencia y tiempo.

- **Seguir avanzando**

Intenta cambiar a algo que no hayas hecho antes: modelar, tejer, practicar deportes, dibujar, educación en línea, etc. Algo que querías probar, pero por alguna razón no encontrabas el tiempo ni el motivo.

En tales situaciones no tiene sentido atormentarse con la pregunta "¿qué hice mal?" o pensar que "si hubiera actuado de otra manera aquí, la relación se habría salvado".

Tampoco es realista reconocer a un fantasma de antemano y protegerse de posibles emociones desagradables; estas personas, por regla general, no tienen nada inusual en su comportamiento. Lo único que puede ayudar es simplemente saber que sucede, que tu experiencia dolorosa no es única y no está relacionada con tu personalidad.

¿Qué significa hacer el duelo de los sentimientos?

El objetivo principal de este capítulo es actuar como una guía comprensiva para aquellos que atraviesan el duelo, ofreciendo consuelo y perspectiva a quienes se encuentran inmersos en el dolor de una ruptura. Al entender las etapas del duelo y saber que estas emociones son parte del viaje hacia la curación, se puede encontrar consuelo y motivación para seguir adelante hacia un futuro más brillante.

Casi todo el mundo ha oído hablar de las cinco etapas del duelo descubiertas por la psicóloga Elisabeth Kübler-Ross: negación, ira, negociación, depresión y aceptación.

Curiosamente, la dinámica de las relaciones cercanas es similar a la dinámica del duelo (tensión emocional, entumecimiento, alegría y pérdida); todas estas experiencias se reemplazan entre sí. Si bien cada pareja es única, todas las relaciones amorosas suelen pasar por cinco etapas a medida que se desarrolla la intimidad emocional entre la pareja.

Como ocurre con el duelo, las etapas del amor (el paso del enamoramiento al amor verdadero) pueden sucederse en diferentes secuencias y en ocasiones volver a repetirse:

Primera etapa: Amor embriagador

"¡Dios mío, conocí al amor de mi vida! ¡Me quiero casar! ¡No puedo creer cuánto tenemos en común! Oh, esa dulce y empalagosa sensación de estar enamorado. Es tan hermoso que es casi imposible resistirse.

Las tormentas hormonales tienen un efecto negativo sobre el pensamiento lógico y ahora empezamos a consultar el correo electrónico entre 10 y 20 veces por hora, nos olvidamos de comer y compramos pijamas del mismo color que la ropa de cama para nuestra futura familia.

Estar enamorado aumenta drásticamente el nivel de "hormonas del amor". Todo nuestro cuerpo está sumido en euforia y queremos encontrarnos y comunicarnos constantemente con nuestro ser querido. Estas experiencias se debilitan o se intensifican. Pero todo esto es sólo el primer "nado" en las frescas aguas del "lago del amor".

Puedes ver películas sobre amantes sin cesar. Esta etapa del amor es pura poesía, nos brinda una sensación de calidez, consuelo y seguridad, como si volviéramos al vientre de nuestra madre. Pero luego, darnos cuenta de que la confiabilidad y la seguridad son poco compatibles con la libertad y la autonomía nos devuelve a la tierra.

Segunda etapa: Caída del cielo a la tierra

"¡Dios mío, qué broma de mal gusto hace! ¿Por qué no se arregló para estar conmigo? ¡Qué poca paciencia tiene! Un aterrizaje forzoso después de volar entre las nubes suele dar miedo. Nuestra visión se aclara y volvemos a la realidad.

Las vendas se caen de los ojos, y la visión ya no está nublada por el amor y se es consciente con una claridad aterradora de todos los problemas que plantea la vida en común. Este descenso "del cielo a la tierra" puede ser suave, o duro y desorientador. Pero tarde o temprano el reloj marca la medianoche y Cenicienta se apresura a regresar a casa antes de que su carruaje se convierta en una calabaza.

Tercera etapa: Supresión de sentimientos

"Tengo demasiado que hacer para pensar en nuestra relación". Esta etapa ocurre cuando las relaciones dan paso a las actividades y responsabilidades diarias. Ni tú mismo te das cuenta de que empiezas a hablar sólo de lavar la ropa, de los jefes en el trabajo, de los parientes locos, etc.

El interminable desierto de la rutina comienza a tragarse el hermoso oasis de amor y romance. Reprimir los sentimientos no siempre es malo, es una señal de que la relación es real y se ha convertido en una parte integral de la existencia diaria. Aun así, es muy importante despertar de vez en cuando los sentimientos reprimidos.

Si se está transitando por esta etapa, un consejo: Intente hacer una pausa en la "vida real" a veces (aunque sea por un corto tiempo) para que al menos por un momento pueda recordar esas tiernas y maravillosas experiencias que experimentó al comienzo de la relación.

Etapa cuatro: Retorno de los sentimientos

"¡Casi me olvido de lo hermosa y sexy que es! ¡Cómo la amo! Los sentimientos comienzan a regresar cuando llega la comprensión: ¡Sí!, tu pareja es imperfecta, pero tú eres igual de imperfecto. Te das cuenta de la suerte que tienes de tener a alguien en tu vida que siempre está dispuesto a apoyarte.

A menudo, esta etapa del amor ocurre después de algún evento significativo que causa un shock, como si los despertara a ambos de la hibernación. Por ejemplo, podría ser la muerte de un familiar o el nacimiento de un hijo.

Etapa cinco: Amor verdadero

"Estoy realmente bien. Soy muy afortunada y amo a este hombre más de lo que nadie pueda imaginar". Ésta es la vida familiar de las personas amorosas. Sentados uno frente al otro en la cena, peleando por el control remoto del televisor y sabiendo que siempre estarán juntos, "en las buenas y en las malas".

El amor verdadero suele florecer en algún momento del quinto año de una relación, luego las etapas comienzan a repetirse periódicamente, a veces rápidamente, a veces lentamente, el amor se desvanece un poco, luego vuelve a estallar, y será así durante todo el tiempo que dure.

Las etapas del duelo

Las etapas del duelo son un modelo teórico que describe las reacciones típicas de una persona ante la pérdida. El modelo más famoso fue propuesto por la psiquiatra suiza Elisabeth Kübler-Ross en 1969. Identificó cinco etapas para afrontar la pérdida: negación, ira, negociación, depresión y aceptación. Basó su modelo en observaciones de pacientes que padecían enfermedades terminales, pero luego lo amplió para abarcar todo tipo de pérdidas.

Sin embargo, es importante recordar que las etapas del duelo no son reglas estrictas. No necesariamente ocurren de manera consistente y equitativa en todas las personas. Cada persona experimenta la pérdida de manera diferente, dependiendo de su personalidad, circunstancias, cultura y la presencia o ausencia de apoyo. Algunos pueden saltarse pasos o volver a ellos varias veces. Otros pueden experimentar emociones distintas a las descritas en el modelo de Kübler-Ross. Por ejemplo, culpa, miedo, alivio, nostalgia o gratitud.

El propósito de conocer las etapas del duelo no es encajarse en un molde ni compararse con los demás. El objetivo es comprender que lo que estás experimentando es una reacción normal ante una situación anormal.

¿Cuáles son las etapas del duelo?

Como ya se ha dicho, las etapas del duelo no son lineales ni sencillas. Más bien, representan un espectro de posibles emociones y comportamientos que pueden variar de un día a otro o incluso de una hora a otra. Aquí hay una breve descripción de cada etapa.

1. Negación

La negación es la primera reacción ante la impactante noticia de una pérdida. La persona no puede creer lo sucedido y se niega a aceptar la realidad. Puede pensar: "Esto no puede ser cierto", "Esto es un error", "Esto es una pesadilla de la que pronto despertaré". La negación es un mecanismo de defensa que ayuda a suavizar el golpe y evitar que nos lastimen demasiado. Sin embargo, si la negación dura demasiado, puede impedirle pasar a las siguientes etapas del duelo y adaptarse a su nueva situación. Es importante comprender que en esta etapa usted está tratando de mitigar el dolor y la conciencia de lo sucedido. Esto puede provocar pérdida de memoria, cambios de comportamiento e incluso pérdida de cosas. El dolor puede ser tan abrumador que no se puede procesar completamente la realidad y negar lo que está sucediendo.

¿Qué se puede hacer en esta etapa?

• Reconoce tu negación y comprende que es temporal y para tu protección.

• Hable con alguien en quien confía sobre sus sentimientos y pensamientos. Podría ser un amigo, familiar, psicólogo u otro profesional.

• Enfrente gradualmente la realidad de la pérdida. Por ejemplo, visitar un lugar de enterramiento, mirar fotografías, leer cartas o mensajes de una persona fallecida, si la situación está relacionada con la muerte de un ser querido.

• No se culpe a sí mismo ni a los demás por lo sucedido. Trate de comprender que no pudo evitar ni cambiar la situación.

2. Enojo

La ira es la segunda etapa de la experiencia de pérdida, que ocurre después de que una persona comienza a darse cuenta de la ausencia del otro. A medida que la negación se desvanece, la ira puede surgir como una fuerza abrumadora. La ira puede dirigirse hacia la pareja, hacia uno mismo o hacia el mundo en general. También puede ir acompañado de sentimientos de culpa: preguntas sobre qué hicimos mal y por qué la relación llegó a su fin.

Esta situación es una expresión de dolor, resentimiento e impotencia. Puede que se esté enojado con uno mismo, con la persona que murió o se fue, con otras personas, con Dios o con el mundo entero. Quizás se esté pensando: "¿Por qué me pasó esto?", "¿Por qué me dejó?", "¿Por qué nadie me ayuda?", "¿Por qué la vida es tan injusta?" La ira es una emoción natural que ayuda a expresar el dolor sin reprimirlo. Sin embargo, si la ira se vuelve demasiado intensa o destructiva, puede causar daño.

La peculiaridad de esta etapa es que puede durar un largo período de tiempo. La persona en duelo puede quedar atrapada en estas emociones y estar en un estado constante de ira y culpa durante años, incluso todo el resto de la vida. Esto puede resultar peligroso para su salud mental y sus relaciones con los demás.

¿Qué se puede hacer en esta etapa?

•	Reconozca su enojo y comprenda que es parte del proceso de duelo.

•	Encuentre formas seguras y saludables de expresar su enojo. Por ejemplo, llorar, gritar contra una almohada, golpear un saco de boxeo, practicar deportes u otra actividad física.

•	Trate de no dirigir su enojo hacia otras personas o hacia usted mismo. No acuse, insulte, amenace ni dañe a nadie.

•	Busque el apoyo de quienes puedan comprender y aceptar su enojo. Pueden ser otras personas en duelo, grupos de autoayuda, psicólogos u otros profesionales.

•	Perdónese a sí mismo y a los demás por lo que pasó. Entienda que la ira no es un signo de debilidad o falta de amor.

•	Pasar por la fase de ira y culpa le ayudará a tomar conciencia de sus emociones, aceptar la situación y pasar a la siguiente etapa del duelo.

3.   **Negociar**

La negociación es la tercera etapa, que puede ocurrir después de que una persona se da cuenta de la irreversibilidad de su pérdida. La negociación puede implicar tratar de reconciliarse con la pareja o incluso con nosotros mismos, buscando maneras de cambiar la situación. Sin embargo, cuando estas negociaciones no tienen éxito, a menudo nos sumimos en la tristeza y la depresión.

Este es un intento de recuperar lo perdido o cambiar la situación a su favor. Se le pueden ocurrir los siguientes pensamientos: "Si hubiera hecho esto y aquello, él no habría muerto", "Si hubiera sido mejor, él no se habría ido", "Si pudiera retroceder el tiempo, entonces arreglaría todo". La negociación es una expresión de esperanza y deseo de evitar el dolor. Sin embargo, si la negociación se vuelve demasiado obsesiva o irracional, puede impedirle aceptar la realidad y seguir adelante.

¿Qué se puede hacer en esta etapa?

•   Tenga en cuenta que la negociación es parte del proceso de duelo.

•   Entienda que usted no tiene toda la culpa de lo sucedido, que no pude controlar ni predecir todas las circunstancias.

•   Concéntrese en lo que puede hacer en el presente y en el futuro, en lugar de aquello que podría haber hecho en el pasado. Por ejemplo, puede dedicar su tiempo y energía a lo que le gusta hacer, a lo que quiere aprender o a cómo puede ayudar a otras personas.

• Trate de encontrar significado y propósito en su vida después de una pérdida. Honre la memoria de una persona fallecida continuando su legado, viviendo según sus valores o transmitiendo su legado a otras generaciones.

4. Depresión

La depresión es la cuarta etapa del duelo y ocurre después de que uno se da cuenta de la verdadera profundidad de la pérdida. Es un estado de profunda tristeza, desesperación y desesperanza. Se piensa: "No me importa lo que pase después", "Nunca podré ser feliz", "Nadie me necesita", "Quiero morir". La depresión es una señal de que se está empezando a aceptar la realidad de la pérdida y a dejar ir lo que se perdió. Sin embargo, si la depresión se vuelve demasiado duradera o grave, puede tener consecuencias peligrosas para la salud física y mental.

¿Qué se puede hacer en esta etapa?

• No se sienta avergonzado ni se culpe por su tristeza. Comprenda que es normal y natural sentirse triste después de una pérdida.

• Mantenga su salud física y mental. Establezca un buen horario de sueño y alimentación, evite el alcohol y las drogas y realice actividades físicas y pasatiempos que le brinden placer.

• Busque el apoyo de quienes puedan comprenderlo y consolarlo. Podrían ser amigos, familiares, psicólogos u otros profesionales. No se aísle de otras personas ni oculte tus sentimientos.

• Si es posible, evite tomar decisiones importantes o cambios en su vida mientras esté deprimido. Espere hasta que se sienta mejor y más seguro. Si ha escuchado la frase "un clavo saca a otro clavo", no lo crea, espere sentirse bien antes de buscar otro amor.

La depresión es una de las etapas más difíciles y graves. En esta etapa, es posible que sienta una pérdida de sentido en la vida, una profunda tristeza y desesperación. También son posibles síntomas como pérdida de apetito, insomnio, apatía y disminución de energía. Puede experimentar un sentimiento de alienación y desapego del mundo que lo rodea. La depresión puede ser muy intensa y durar mucho tiempo. Sin embargo, es importante recordar que esta etapa es una reacción normal ante la pérdida y es esencial para el proceso de curación. Durante este período, el apoyo y la comprensión de sus seres queridos y profesionales son especialmente importantes para ayudar al doliente a afrontar el dolor emocional y encontrar un camino hacia una recuperación saludable.

5. Aceptación

La aceptación es la quinta y última etapa, que ocurre después de que una persona ha pasado por todas las etapas anteriores. Llegar a esta última instancia del duelo implica llegar a un acuerdo con la realidad de la pérdida. Aceptar que la relación ha terminado es fundamental para la curación. A medida que encontramos la aceptación, también podemos empezar a vislumbrar un futuro diferente, lleno de nuevas posibilidades y esperanzas.

Esto no es alegría ni felicidad, sino calma y paz. En esta etapa, queda claro que es imposible cambiar el pasado, y lo único que queda es aceptar la situación y empezar a seguir adelante. Se comienza a pensar: "Acepto lo que pasó", "Estoy listo para seguir adelante", "Estoy agradecido por lo que tengo". Esta es una señal de adaptación a una nueva situación y que se ha encontrado un nuevo significado y propósito en la vida. Sin embargo, esto no significa que haya olvidado o dejado de amar lo que se perdió. Esto significa que ha aprendido a vivir con la pérdida y se ha mantenido una conexión con la persona fallecida o que se ha alejado, en el corazón y memoria. Después de todo, la pérdida no es el final, sino el comienzo de un nuevo camino. Incluso si un ser querido o algo importante ha dejado su vida, esto no significa que todo ha terminado. Poco a poco, se empieza a dar cuenta de que todavía se puede encontrar felicidad y alegría en la vida, incluso después de una pérdida tan difícil.

¿Qué se puede hacer en esta etapa?

• Deja ir el dolor y la ira. Comprender que no se traicionó ni se reemplazó lo perdido.

• Apreciar la vida y todo lo que hay en ella. Disfrutar de cada momento y de cada persona.

•	Compartir experiencias y sabiduría con otras personas que estén experimentando una pérdida, ayudándolos a afrontar su pérdida y encontrar una nueva esperanza.

•	Rendir homenaje de respeto y amor a una persona fallecida o que se ha alejado. Por ejemplo, puede visitar su tumba, crear rituales o tradiciones en su honor, guardar sus cosas o regalos, escribirle cartas o diarios.

¿En qué se diferencia el duelo patológico del duelo normal?

El duelo es una reacción natural y saludable ante la pérdida de alguien o algo importante y valioso. Le ayuda a aceptar su pérdida, expresar su dolor, dejar de lado sus apegos y encontrar un nuevo significado y propósito en la vida. Esta es una experiencia individual y única para cada persona.

Sin embargo, a veces el duelo puede volverse patológico, es decir, altera la dinámica y función normal del duelo. El duelo patológico se caracteriza por los siguientes síntomas:

•	Duración del duelo más de un año después de la pérdida. El concepto de un año se refiere a que es el tiempo en que se revivirán todas las fechas importantes que ha vivenciado la pareja, y eso trae dolor. Superado ese año, se debería encontrar algo de paz, al ritmo del pensamiento "si a esto ya lo viví y lo superé, lo puedo hacer otra vez".

• La intensidad de la experiencia no disminuye con el tiempo ni siquiera se intensifica;

• Los síntomas interfieren con el funcionamiento normal en la vida diaria, el trabajo, la escuela, la comunicación con familiares y amigos, pasatiempos, etc.;

• Los síntomas exceden los esperados o socialmente aceptables para una cultura o situación determinada;

• Las experiencias incluyen reacciones patológicas: pensamientos o intentos suicidas, síntomas psicóticos, abuso de alcohol o drogas, trastornos somáticos, etc.

El duelo patológico puede ocurrir por varias razones:

• Pérdida inesperada;

• Pérdida en circunstancias violentas;

• Relación incompleta o insatisfacción con la relación con la persona fallecida;

• Baja autoestima, dependencia de una persona fallecida;

• Ausencia o falta de apoyo de pareja, familiares, amigos;

• La presencia de otros factores de estrés o trastornos mentales.

El duelo patológico requiere atención y tratamiento especializados. Dependiendo del tipo y la gravedad, se pueden utilizar diferentes métodos de terapia:

Terapia cognitivo-conductual: corrección de pensamientos y comportamientos negativos asociados con la pérdida.

Terapia psicodinámica: identificación y resolución de conflictos y transferencias inconscientes.

Terapia humanista: desarrollo de la autoconciencia, la autoaceptación y la autorrealización después de una pérdida.

Terapia sistémica: restauración y mejora de las conexiones familiares y sociales dañadas o interrumpidas debido a una pérdida.

En casos graves, se utiliza la terapia con medicamentos para aliviar los síntomas mentales y somáticos.

El duelo patológico es una condición grave que puede causar daño no solo a la persona que sufre la pérdida, sino también a quienes la rodean. Por lo tanto, es importante buscar rápidamente la ayuda de especialistas que puedan brindar asistencia calificada y prescribir un tratamiento.

¿Cómo afrontar el duelo?

El duelo es un proceso individual y único para cada persona. No existe una forma correcta o incorrecta de experimentarlo. No existe un tiempo ni un orden específico para atravesar las etapas del duelo. No hay garantía de que la tristeza algún día termine o desaparezca por completo. Esta no es una enfermedad que deba curarse, sino una experiencia que debe vivirse.

Sin embargo, existen algunas recomendaciones generales que pueden ayudarte a sobrellevar y aliviar tu sufrimiento:

Acepta tu dolor. No niegues, no reprimas, no ignores tus sentimientos y emociones. Comprende que esta es una reacción normal y saludable ante la pérdida. Date permiso para sentirte triste, llorar, enojarte o cualquier otra emoción que surja durante tu proceso de duelo. No te compares con otras personas y no esperes sentir o hacer lo mismo que ellas. Cada experiencia de duelo es individual y única.

Expresa tus sentimientos. No te aferres al dolor y a la soledad. Encuentra formas de expresar el dolor mediante palabras o acciones. Por ejemplo, podrías hablar con alguien en quien confíes sobre la pérdida y tus sentimientos. También puedes escribir una carta, un diario, un poema o un ensayo sobre tus emociones. Puede crear un álbum de recortes, un collage, un dibujo u otro trabajo creativo que refleje tu pérdida y tu recuerdo de ella.

Obtener apoyo. No te aísles de otras personas y no sufras solo. Comprende que no estás solo en tus experiencias y que hay personas que pueden ayudarte y apoyarte. Busca contacto con quienes puedan comprenderte, consolarte y ayudarte en su duelo. Pueden ser amigos, familiares, otras personas en duelo, grupos de autoayuda, psicólogos u otros profesionales. No dudes en pedir ayuda y expresar tus necesidades y deseos.

Cuídate. No te olvides de tu salud física y mental. Comprende que el duelo puede tener un impacto negativo en el cuerpo y mente. Mantén tu inmunidad y energía. Mantener un horario de sueño y alimentación.

Evita el alcohol y las drogas. Participa en actividades físicas y pasatiempos que te brinden placer y relajación. Relájate y diviértete.

La vida continúa. No pierdas la esperanza y la fe en ti mismo y en la vida. Comprende que un período difícil no es el final de tu vida. Encuentra un nuevo significado y propósito en la vida después de una pérdida. Ábrete a nuevas oportunidades y perspectivas. Aprecia tu vida y todo lo que hay en ella. Comparte tu experiencia y sabiduría con otras personas.

El duelo es un proceso difícil y largo que requiere mucha fuerza y paciencia. Pero también es un proceso que puede ayudarte a crecer y desarrollarte como persona. El dolor no es sólo sufrimiento, sino también

amor, no sólo pasado, sino también futuro, no sólo
pérdida, sino también ganancia.

45

Capítulo 3
Síndrome del Corazón Roto:
Más allá del dolor emocional

En este capítulo, profundizaremos en el síndrome del corazón roto desde una perspectiva psicológica y fisiológica. Explicaremos cómo el estrés emocional de una ruptura puede tener un impacto real en el corazón y el sistema cardiovascular. Descubriremos que este síndrome es más que una metáfora, ya que puede tener consecuencias reales en la salud física.

El corazón emocional

Desde la antigüedad, los sistemas de curación tradicionales han considerado a la persona como un sistema integral, formado no sólo por el cuerpo, sino también por pensamientos, emociones, energía y alma.

La gente se ha dado cuenta de que las enfermedades físicas son sólo la punta del iceberg y que las causas de las disfunciones se encuentran en algo más profundo, en asuntos más sutiles. Pero en algún momento la medicina tomó un camino diferente y empezó a estudiar el cuerpo y sus enfermedades por separado de todo lo demás. Y los médicos comenzaron a limitar su especialización a partes individuales del cuerpo, sin prestar atención al hecho de que una persona es un sistema complejo, inseparable de la naturaleza y del mundo que la rodea.

Afortunadamente, últimamente se ha vuelto cada vez más popular y socialmente aceptable la idea de que nos enfermamos no sólo porque salimos a la calle con la cabeza mojada.

¿Qué son las emociones y cómo se relacionan con la mente y el cuerpo?
¿Cómo se pueden definir las emociones? Estas son las reacciones de nuestro cuerpo, cerebro y psique ante situaciones y desencadenantes que ocurren tanto en el mundo exterior como dentro de nosotros. Algunos científicos creen que las emociones no son reflejos innatos, sino algo que está determinado por los acontecimientos de la vida y la forma en que nuestro cerebro las percibe y procesa. Las emociones ciertamente están relacionadas con el nivel de conciencia, los hábitos, la salud general y el medio ambiente de una persona.

Las reacciones emocionales comienzan en nuestro cerebro en respuesta a algún tipo de estimulación, positiva o negativa. Y luego lo que le sucede a nuestro cuerpo depende de nuestra experiencia de vida, presión externa, conocimiento y hábitos de reacción en una situación determinada. Por ejemplo, los niños suelen ser más valientes que los adultos. En parte porque desconocen muchos de los peligros debido a la falta de experiencia en la vida real. Pero con la edad, algo que antes no causaba ningún sentimiento negativo comienza a asustar, a veces tanto que el cuerpo se congela y todo lo que hay dentro se encoge. Y esto no es un instinto natural, sino una reacción desarrollada que, cuando se repite con frecuencia, se vuelve habitual y conduce a disfunciones físicas y enfermedades. Y es interesante que incluso un pensamiento puede provocar tal reacción: si parte de nuestro shock fue lo suficientemente fuerte, por ejemplo, un castigo inesperado de nuestros padres por alguna ofensa, incluso años después el recuerdo provoca una cascada de reacciones bioquímicas que nos hacen experimentar emociones fuertes incluso en ausencia de estímulos reales.

¿Cómo aparecen las enfermedades?

Las disfunciones en el cuerpo están directamente relacionadas con las emociones, y la mayoría de las veces nos enfermamos cuando nuestras reacciones a lo que está sucediendo o a lo que pensamos o imaginamos son tan fuertes y/o repetidas con frecuencia que el cerebro y el cuerpo se acostumbran a responder a ellas con estrés y perturbando saludablemente el trabajo de todo lo que hay en nuestro interior. Si, por ejemplo, te golpeas regularmente en el mismo lugar del cuerpo, lo más probable es que te duela, se hinche, se enrojezca y eventualmente cambie su forma, estructura y tal vez incluso su función. Lo mismo ocurre con nuestros órganos internos y con todos los sistemas: el miedo puede provocar espasmos que afecten, por ejemplo, al tracto gastrointestinal y, como resultado, cada vez que tengas miedo, experimentarás un trastorno o, por el contrario, estreñimiento. Imagina que situaciones que te hacen sentir miedo ocurren varias veces al día. Entonces el cuerpo no tiene la oportunidad de relajarse y trabajar plenamente.

Recibimos muchos traumas emocionales en la infancia, cuando las personas son lo más abiertas y sinceras posible: durante este período, incluso una nimiedad aparentemente puede asustar tanto que el cuerpo reacciona con un fuerte espasmo y el cerebro comienza a percibir situaciones similares como peligrosas. Esto conduce a la supresión de las emociones, lo que significa que se alteran los procesos bioquímicos y hormonales naturales. Esto, a su vez, conduce a enfermedades, incluidas las muy graves.

Existen áreas tradicionales de prácticas curativas y energéticas que trabajan con todos los niveles de problemas y enfermedades, y puedes encontrar especialistas de este tipo en casi todas las ciudades.

A continuación, se presentan varios sistemas de conocimientos y prácticas que ayudarán a encontrar la esencia de un problema de salud y en el proceso de trabajar con la causa raíz.

- **Acupuntura**

La acupuntura es una parte de la medicina tradicional china que se ha utilizado durante más de dos milenios para curar y armonizar el cuerpo y el alma. El diagnóstico se realiza mediante la lengua y el pulso, al igual que en la práctica ayurvédica, y se cree que los maestros más experimentados e iluminados pueden decirte mediante el pulso qué comiste hace una semana y qué pensamientos tuviste el día anterior. A continuación, se colocan agujas de diferentes grosores en puntos activos del cuerpo, que ayudan a eliminar los bloqueos energéticos y permiten que la energía fluya de forma correcta y libre. A menudo, el proceso va acompañado de emociones y sensaciones fuertes:

lágrimas, fiebre, temblores; todo esto indica que el cuerpo está relajando algunos espasmos antiguos y que las células comienzan a funcionar de manera saludable nuevamente.

• **Osteopatía**

Un osteópata experimentado, especialmente uno que trabaja biodinámicamente, puede obrar verdaderos milagros y curar profundos traumas emocionales y físicos. Trabajando tanto a nivel físico como energético, el osteópata detecta sutilmente dónde se localizan las disfunciones en el cuerpo y, con su atención y manipulaciones manuales, ayuda al cuerpo a liberar estas abrazaderas. Y después de una buena sesión de osteopatía, deberías tener una sensación placentera, profundamente relajada y cualitativamente renovada, como si algo hubiera cambiado en ti, pero no sabes qué.

¿Cómo interactuar con las emociones y sentimientos para estar sano?

Además de lidiar con viejos traumas emocionales, es muy importante aprender a interactuar sanamente con las emociones aquí y ahora para que no conduzcan a enfermedades en el futuro. Es importante aprender a estar con lo que sientes aquí y ahora, incluso si la emoción te parece pesada e insoportable. Es importante recordar que no existen sentimientos buenos y malos: la ira, la agresión, la irritación son parte de la vida, con la que es importante estar en contacto. Las prácticas de atención plena (mindfulness), llevar un diario, la meditación y el yoga ayudan a desarrollar esta capacidad de estar aquí y ahora, en lugar de "empujar" las emociones hacia adentro. Es importante aprender a reconocer los sentimientos y poder hablar de ellos: sin reclamos, sin acusaciones, solo compartir lo que sucede dentro de uno. Entonces todo lo que suceda pasará a través de uno, será experimentado, sin quedarse estancado en ningún lado y sin generar tensiones ni perturbaciones. Y ese contacto consigo mismo y con las emociones permitirá no solo mantener la salud, sino también vivir de forma más plena y feliz.

Las causas de la mayoría de las enfermedades se encuentran en algún lugar muy profundo de nuestro interior, y hasta que no veamos qué sentimiento, acontecimiento y reacción condujeron al trastorno, no seremos capaces de afrontarlo por completo. A través del dolor, el cuerpo nos muestra que hay algo en la vida que vale la pena cambiar cualitativamente, que necesitamos ponernos en contacto con nosotros mismos y con nuestros sentimientos y dejar ir lo que ya no aporta ningún beneficio. Y, habiendo aprendido a dejar de lado viejas asociaciones y experimentar de manera cualitativa las emociones actuales, podremos mantener nuestra salud, disfrutar sinceramente de la vida y sentir su plenitud.

Síndrome del corazón roto: Definición y síntomas

El síndrome del corazón roto, conocido también como miocardiopatía de Takotsubo, es una condición médica temporal que se asemeja a los síntomas de un ataque cardíaco, pero que ocurre sin la obstrucción de las arterias coronarias. Esta afección es desencadenada por eventos emocionales extremos o situaciones de gran estrés, como una ruptura amorosa, la pérdida de un ser querido, o situaciones de gran tensión. En este síndrome, una parte del corazón se debilita temporalmente y no bombea la sangre de manera eficaz. A menudo, esta condición afecta a la parte izquierda del corazón, debilitando el ventrículo izquierdo.

Síntomas:

Los síntomas del síndrome del corazón roto son similares a los de un ataque cardíaco y pueden variar en intensidad. Los síntomas comunes incluyen:

Dolor en el pecho: Las personas pueden experimentar un dolor agudo o una presión incómoda en el pecho, similar a un ataque cardíaco.

Dificultad para respirar: La dificultad para respirar o la sensación de opresión en el pecho pueden estar presentes debido a la debilidad temporal del corazón.

Palpitaciones: Algunas personas pueden sentir latidos cardíacos irregulares o rápidos, también conocidos como palpitaciones.

Fatiga y debilidad: La debilidad y la fatiga generalizada son síntomas comunes, ya que el corazón no está bombeando sangre de manera eficiente.

Síncope: En casos graves, el síndrome del corazón roto puede causar desmayos o pérdida del conocimiento debido a la falta de flujo sanguíneo adecuado al cerebro.

Síntomas similares a un ataque cardíaco: Estos pueden incluir sudoración excesiva, náuseas y vómitos.

Es importante destacar que, a pesar de la intensidad de estos síntomas, el síndrome del corazón roto es reversible en la mayoría de los casos. Con el tratamiento adecuado y el manejo del estrés emocional, el corazón generalmente se recupera completamente.

Los síntomas del síndrome del corazón roto pueden ser alarmantes y requerir atención médica inmediata. Dado que estos síntomas son similares a los de un ataque cardíaco, es crucial buscar ayuda médica de inmediato para un diagnóstico y tratamiento adecuado. La atención médica temprana puede marcar la diferencia en la recuperación y evitar complicaciones a largo plazo.

La ciencia detrás del Síndrome del corazón roto

El síndrome del corazón roto es un fenómeno médico complejo y fascinante que muestra cómo nuestras emociones pueden afectar directamente la salud de nuestro corazón. Aunque este cuadro de salud comparte síntomas con un ataque cardíaco, como dolor en el pecho y la dificultad para respirar, la causa y el proceso subyacente son distintos. Qué dice la ciencia al respecto:

- **Respuesta del estrés y las hormonas:**

Cuando enfrentamos situaciones emocionalmente intensas, nuestro cuerpo libera una cascada de hormonas del estrés, como el cortisol y las catecolaminas (adrenalina y noradrenalina). Estas hormonas tienen el propósito de preparar el cuerpo para una respuesta de "lucha o huida". Sin embargo, cuando estas hormonas son liberadas en exceso debido al estrés emocional extremo, pueden afectar negativamente el corazón. En el síndrome del corazón roto, estas hormonas pueden debilitar temporalmente el músculo cardíaco, especialmente en el ventrículo izquierdo.

- **El rol del Sistema Nervioso Autónomo:**

El sistema nervioso autónomo, que controla funciones corporales involuntarias como la frecuencia cardíaca y la presión arterial, también está implicado en el síndrome del corazón roto. En situaciones de estrés emocional, especialmente el estrés repentino y agudo, el sistema nervioso autónomo puede volverse disfuncional, provocando una respuesta inadecuada del corazón. Esto puede llevar a una reducción en la capacidad de bombeo del corazón y síntomas similares a los de un ataque cardíaco.

- **Vasoespasmo coronario y Flujo sanguíneo reducido:**

Además de las respuestas hormonales y del sistema nervioso, este síndrome también puede estar asociado con vasoespasmos coronarios. En esta condición, las arterias que suministran sangre al corazón experimentan contracciones inusuales, reduciendo el flujo sanguíneo. Este fenómeno, combinado con la disfunción del músculo cardíaco debido al estrés, puede resultar en los síntomas característicos del síndrome del corazón roto.

• **Recuperación y adaptabilidad del corazón:**
A pesar de los síntomas graves y las implicaciones potencialmente peligrosas, la buena noticia es que la mayoría de las personas se recuperan completamente de este cuadro afectivo. El corazón es un órgano sorprendentemente adaptable y puede sanar con el tiempo. Con el manejo adecuado del estrés emocional y el tratamiento médico, el corazón puede recuperar su función normal y volver a latir con fuerza.

La Importancia de la salud mental y emocional:

Después de una ruptura sentimental, la salud mental y emocional se convierte en un recurso invaluable para afrontar el dolor y facilitar la recuperación. Esta fase puede ser emocionalmente desafiante y, por lo tanto, es esencial prestar atención a nuestra salud de manera integral. A continuación, exploremos por qué es crucial y cómo podemos cuidar de nuestra mente y emociones durante este período difícil:

• **Afrontando el dolor emocional:**
La tristeza, la ira, la confusión y la soledad son emociones comunes después de una ruptura. Permitirse sentir y procesar estas emociones es fundamental para la curación. La salud mental implica aceptar estas emociones y aprender a manejarlas, ya sea a través de la terapia, el apoyo de amigos y familiares, o prácticas como la meditación y la atención plena.

- **Previniendo la depresión y la ansiedad:**

Una ruptura puede desencadenar síntomas de depresión y ansiedad. Es crucial buscar ayuda si se experimentan síntomas persistentes como tristeza profunda, falta de interés en actividades, cambios en el apetito o el sueño, o pensamientos suicidas. Los profesionales de la salud mental pueden proporcionar apoyo, terapia y, en algunos casos, medicamentos que pueden ser fundamentales para superar estos desafíos.

- **Evitar la autocrítica excesiva:**

Después de una ruptura, es común que las personas se culpen a sí mismas o cuestionen su valía. La salud mental implica practicar la autoaceptación y la autoafirmación. Es esencial evitar la autocrítica excesiva y cultivar una actitud compasiva hacia uno mismo. Recordarse a uno mismo que el amor propio y la autoestima son independientes de una relación externa puede ayudar a mantener una mentalidad positiva.

- **Fomentando las conexiones sociales:**

Las relaciones sociales sólidas son fundamentales para la salud mental y emocional. Después de una ruptura, es fácil aislarse, pero esto puede empeorar la situación. Mantener conexiones con amigos y familiares puede proporcionar apoyo emocional y ayudar a aliviar la sensación de soledad. Además, considerar unirse a grupos de apoyo o participar en actividades sociales puede proporcionar un sentido de pertenencia y camaradería.

- **Apoyándose en la terapia:**
La terapia es una herramienta valiosa para manejar el dolor emocional después de una ruptura. Los terapeutas pueden proporcionar orientación, ayudar a procesar las emociones y enseñar estrategias para enfrentar el dolor. La terapia cognitivo-conductual, por ejemplo, puede ayudar a cambiar patrones de pensamiento negativos y fomentar la resiliencia emocional.

- **Practicando el autocuidado:**
El autocuidado es esencial para la salud mental y emocional. Establecer rutinas saludables que incluyan ejercicio regular, una dieta equilibrada, sueño adecuado y actividades que traigan alegría y relajación pueden ayudar a mantener el equilibrio emocional. Además, practicar la meditación, el yoga o la atención plena puede reducir el estrés y aumentar la sensación de bienestar.

La importancia de la salud mental y emocional después de una ruptura no puede ser exagerada. Dedicar tiempo y esfuerzo para cuidar de nuestra mente y emociones no solo facilita la recuperación, sino que también establece una base sólida para relaciones futuras y un bienestar a largo plazo.

La recuperación integral:

La recuperación después de una ruptura sentimental no solo implica sanar el corazón emocionalmente, sino también cuidar de nuestro cuerpo y nuestra salud física. Un enfoque integral abarca tanto el bienestar emocional como el físico, proporcionando las bases para una recuperación completa y duradera. A continuación, algunas estrategias para una recuperación integral:

- **Terapia emocional:**

Buscar apoyo terapéutico es crucial para sanar emocionalmente. Un terapeuta puede proporcionar herramientas para manejar el dolor, explorar las emociones y trabajar en la autoaceptación. La terapia cognitivo-conductual, en particular, puede ayudar a cambiar patrones de pensamiento negativos y afrontar el dolor de la ruptura.

- **Ejercicio regular:**

El ejercicio físico no solo beneficia el cuerpo, sino también la mente. La actividad física regular libera endorfinas, neurotransmisores que actúan como analgésicos naturales y mejoran el estado de ánimo. Caminar, correr, nadar o practicar yoga son excelentes opciones para liberar el estrés y aumentar la sensación de bienestar.

- **Alimentación equilibrada:**

Una dieta equilibrada rica en frutas, verduras, granos enteros y proteínas magras proporciona los nutrientes necesarios para la energía y la recuperación física y emocional. Evitar el exceso de azúcares y cafeína también puede ayudar a mantener estables los niveles de energía y reducir la ansiedad.

- **Sueño de calidad:**

El sueño adecuado es fundamental para la recuperación. Durante el sueño, el cuerpo se repara a sí mismo a nivel celular y consolida las experiencias emocionales del día. Establecer una rutina de sueño regular y crear un ambiente propicio para dormir puede mejorar la calidad del dormir y, por fin, la capacidad de afrontar el día siguiente con fuerza renovada.

• **Meditación y relajación:**

La meditación y las técnicas de relajación, como la respiración profunda y el mindfulness, pueden reducir el estrés y mejorar la claridad mental. La práctica regular de la meditación puede ayudar a calmar la mente, disminuir la ansiedad y mejorar la concentración, proporcionando un espacio para el autoanálisis y el crecimiento personal.

• **Consulta médica regular:**

Es importante realizar exámenes médicos regulares para monitorear la salud del corazón y el cuerpo en general. Las visitas al médico pueden ayudar a identificar y abordar cualquier preocupación física, permitiendo un enfoque proactivo para el bienestar físico.

• **Apoyo social y conexiones significativas:**

Mantener conexiones sociales sólidas es esencial para la recuperación emocional y física. La presencia de amigos y seres queridos brinda apoyo emocional y reduce la sensación de soledad. Participar en actividades sociales también puede ser una distracción saludable y una fuente de alegría.

Al abordar tanto el corazón roto emocionalmente como el físico, la recuperación integral se convierte en un proceso transformador. Al equilibrar el cuidado emocional y físico, podemos superar las adversidades con resiliencia, construyendo una base sólida para un futuro lleno de bienestar y satisfacción.

Capítulo 4
Renaciendo de las cenizas:
Fortalecer la resiliencia

En este capítulo, nos enfocaremos en la resiliencia y la capacidad del ser humano para superar adversidades.

Después de una ruptura, el camino hacia la sanación y el crecimiento personal se presenta lleno de desafíos. Por ello, exploraremos la resiliencia, esa capacidad intrínseca que nos permite recuperarnos de las adversidades y salir más fuertes del otro lado

Estabilidad psicológica

Uno de los rasgos más característicos de la vida moderna son los impactos en las personas de un mayor número de situaciones estresantes. Ellos, al acecho, esperan en cualquier ámbito de la vida y siempre se expresan de manera diferente. Esto podría ser un malentendido en la familia, un retraso en el salario, un conflicto con un vendedor negativo en una tienda, un contrato roto con un socio comercial o algún otro problema. Pero a veces esto no es lo que nos sorprende en absoluto, sino el hecho de que, cuando se encuentran en tales situaciones, algunas personas sucumben instantáneamente a la influencia de las emociones negativas: resuenan con una situación estresante, se preocupan, se ponen nerviosas, su estado de ánimo se deteriora, etc. Y otros, al encontrarse en condiciones similares (e incluso peores), parecen haber estado preparados durante mucho tiempo para tal desarrollo de los acontecimientos: perciben todo con facilidad y no se esfuerzan, mantienen la compostura y permanecen, si no en positivo, al menos en un estado neutral. ¿Cuál es la diferencia entre los dos?

La estabilidad psicológica es el proceso de mantener del modo más óptimo de funcionamiento a la psique humana en condiciones de circunstancias de constante cambio y de efectos estresantes. Es interesante que este rasgo de personalidad se forma en una persona durante su desarrollo y no está determinado genéticamente. Depende de factores como el sistema nervioso de una persona, su educación, experiencia, nivel de desarrollo, etc. Esto significa que, por ejemplo, si una persona, como dicen, "ha pasado por mucho", entonces su psique será mucho más estable que la psique de alguien que creció "agarrado a la falda de su madre". Pero este aún no es el indicador final, porque una persona que está constantemente expuesta a influencias estresantes reaccionará dolorosamente ante cada problema, porque sus nervios se han desgastado bastante con el tiempo. Estas son dos caras de la misma moneda.

Además, la estabilidad psicológica no es garantía al 100% de resistencia a todo. La estabilidad psicológica es más la flexibilidad de la psique de una persona que la firmeza y estabilidad de su sistema nervioso. Y la característica fundamental de la estabilidad psicológica es precisamente la movilidad de la psique en condiciones en constante cambio. La estabilidad psicológica, al igual que la inestabilidad, siempre "funciona" según un patrón.

Cómo funciona la estabilidad/inestabilidad psicológica

Estabilidad psicológica: en primer lugar, aparece una tarea que genera un motivo que conlleva la realización de determinadas acciones encaminadas a su implementación. Entonces se comprende la dificultad que provoca el estado emocional negativo. Posteriormente se produce una búsqueda de una manera de superar esta dificultad, como resultado de lo cual el nivel de emociones negativas disminuye y el estado mental mejora.

Inestabilidad psicológica: en primer lugar, aparece una tarea que genera un motivo que conlleva la realización de determinadas acciones encaminadas a su ejecución. Entonces se comprende la dificultad que provoca el estado emocional negativo. Luego se produce una búsqueda caótica de una manera de superar esta dificultad, provocando que ésta empeore, resultando en un aumento en el nivel de emociones negativas y un deterioro del estado mental.

Las principales razones de la exposición a condiciones estresantes son la falta de métodos eficaces para superar situaciones difíciles y el sentimiento de amenaza personal. Las personas mentalmente inestables suelen tener esta característica: el comportamiento caótico provoca un estado estresante y lo intensifica, y este estado, a su vez, trae aún más caos al mundo interior de la persona, lo que da como resultado un sentimiento de total impotencia ante situaciones difíciles y del propio comportamiento. Por tanto, se sugiere la conclusión de que la estabilidad psicológica es, ante todo, autocontrol.

También es importante recordar que las situaciones estresantes nunca pueden eliminarse por completo de la vida, porque... son parte de su esencia. Y el objetivo de cualquier persona no debe ser deshacerse de estas situaciones, sino educar y cultivar la resistencia psicológica ante ellas.

Aumento de la resiliencia psicológica

La principal ley del aumento de la estabilidad psicológica es la aceptación del hecho de que, si una persona no puede cambiar las circunstancias, entonces puede cambiar su actitud hacia ellas. Un ejemplo sería la situación con un potencial peligro: caminando por la calle y viendo un perro ladrando cerca, luego de una rápida evaluación, es poco probable que te molestes por esto, simplemente continúas tu camino con calma, inmerso en tus pensamientos, ¿verdad? Lo mismo ocurre con las situaciones difíciles: no deben percibirse como algo que sucede en detrimento de uno mismo, sino como algo que simplemente sucede. Tan pronto como una persona permite que los acontecimientos sigan su curso, sin centrar su atención en ellos y sin reaccionar emocionalmente, pasan así, a su manera, a su propio ritmo.

Si una persona comienza a "aferrarse" a todo, entonces esto también comienza a "aferrarse" a él. Si corres a gritar e insultar a un perro que ladra de todas las formas posibles, la probabilidad de que te conviertas en el objeto de su atención, aumenta significativamente. Por supuesto, esta es sólo una forma de actuar… y no es universal. Lo mismo ocurre en las separaciones sentimentales. Si el vínculo se ha roto, ¿qué sentido tiene en guardar rencor y revivir el dolor una y otra vez?

El aumento de la estabilidad psicológica está directamente influenciado por las condiciones en las que se vive. Por ejemplo, si una persona por naturaleza tiene un tipo reactivo de actividad nerviosa, es decir le gusta un estilo de vida intenso, cambios frecuentes de ambiente, mayor actividad, etc., entonces, lo más probable es que no se sienta cómodo viviendo en una ciudad pequeña o sentado en un solo lugar de la oficina sin la oportunidad de derrochar su energía. Para que la psique de una persona sea más estable, es necesario que su estilo de vida corresponda a sus predisposiciones naturales.

La descarga sistemática del sistema nervioso es otra forma de aumentar la estabilidad psicológica. La presión constante y hacer algo que realmente no te gusta (lo cual, por cierto, es una característica sorprendente del trabajo de muchas personas) tiene un impacto extremadamente negativo en la psique humana. Esto lo vuelve irritable, nervioso y constantemente cansado. Sólo un descanso adecuado puede influir en esto. Necesitas dedicar tiempo regularmente a hacer tus cosas favoritas, viajar fuera de la ciudad, relajarte leyendo libros, en general, hacer todo lo que realmente quieres hacer. O puedes no hacer nada en absoluto: simplemente relajarte y aliviar el estrés.

El cultivo de una actitud filosófica ante la vida por parte de una persona tiene un efecto muy bueno en la estabilidad psicológica. La salud mental de una persona está estrechamente relacionada con rasgos de personalidad como el humor, el pensamiento positivo, la capacidad de reírse de uno mismo y la autocrítica. Sólo si una persona puede mirar los acontecimientos que suceden y a sí mismo sin excesiva seriedad, sin considerarse el "centro del Universo" y aquel a quien la vida o alguien más le debe algo, sólo entonces todo lo que suceda no le parecerá tan doloroso.

Otro método eficaz para desarrollar la resiliencia psicológica es una autoimagen positiva. Lo que se quiere decir aquí es que una persona debe cultivar una actitud positiva hacia su personalidad, aceptarse a sí misma tal como es y ser un carácter positivo para sí misma. Pero hay que tener cuidado de no cruzar la línea, lo que lleva a la autocompasión y a percibir el mundo desde la posición de víctima; de lo contrario, la inestabilidad psicológica solo empeorará.

Muy cerca de una autoimagen positiva está la integridad interior de una persona. Esta cuestión merece escribir un libro aparte, pero, en resumen, una persona debe, en primer lugar, vivir en armonía consigo misma, sus principios, creencias y cosmovisión. En segundo lugar, debe hacer lo que le gusta: trabajo, deportes, recreación, comunicación; todo debe estar en máxima conformidad con la visión de la persona. En tercer lugar, debe luchar por el autodesarrollo y la superación espiritual, porque esto tiene un impacto constructivo directo tanto en la personalidad de una persona como en su vida.

Si nos preguntamos con más detalle sobre la formación de la estabilidad psicológica, podemos observar que una persona debe prestar atención a los siguientes componentes de su vida:

- Entorno social y entorno inmediato.
- Autoestima y actitud hacia uno mismo.
- Autorrealización y autoexpresión.
- Independencia y autosuficiencia
- Correspondencia entre el yo presente y el yo deseado
- Fe y espiritualidad
- Tener emociones positivas
- Tener sentido en la vida y determinación.

Naturalmente, aquí sólo se enumeran una parte de los factores que tienen un efecto positivo en la estabilidad psicológica. La presencia y desarrollo de ellos en la vida de cualquier persona tendrá un gran impacto en su cosmovisión, comportamiento, desarrollo, actividad, estado mental y de ánimo. Su ausencia, por el contrario, tiene el efecto contrario y contribuye a la inestabilidad psicológica.

Por supuesto, para aprender a soportar todo esto, se debe activar intencionalmente cada estructura de la personalidad y recordar siempre el objetivo: el desarrollo de la estabilidad psicológica. Es la estabilidad psicológica la que puede brindarle a cualquier persona un estado de satisfacción con la vida y un sentido de armonía, normalizar la psique y aumentar el rendimiento, brindar nuevos incentivos, tranquilidad y la capacidad de convertirse en una persona íntegra y fuerte.

Entendiendo la resiliencia

La resiliencia es la capacidad de recuperarse y adaptarse positivamente a las adversidades, el estrés, el trauma o la tragedia. Es una fuerza interna que nos permite enfrentar los desafíos de la vida, aprender de las experiencias difíciles y crecer como individuos. Cómo lograrla:

- **Afrontar la realidad:**
La resiliencia comienza con la capacidad de afrontar la realidad, incluso cuando es dolorosa. Significa aceptar las situaciones tal como son, por difíciles que sean, y encontrar maneras de enfrentarlas sin negación ni evasión. Esta aceptación nos permite trabajar hacia soluciones efectivas en lugar de quedarnos atrapados en el sufrimiento.

- **Mantener una actitud positiva:**
Una actitud positiva no implica negar el dolor o la tristeza, sino encontrar aspectos positivos incluso en las circunstancias más difíciles. La resiliencia se nutre de la esperanza y el optimismo, lo que nos ayuda a ver la luz al final del túnel incluso cuando todo parece oscuro. Cultivar una perspectiva positiva puede mejorar nuestra capacidad para manejar el estrés y encontrar soluciones creativas a los problemas.

- **Aprender de las experiencias pasadas:**
Las personas resilientes ven las adversidades como oportunidades para aprender y crecer. Reflexionar sobre las experiencias pasadas, identificar las lecciones aprendidas y aplicar ese conocimiento a futuras situaciones similares fortalece la resiliencia. Esta habilidad para extraer sabiduría de las

dificultades nos empodera y nos prepara mejor para enfrentar futuros desafíos.

- **Cultivar una red de apoyo:**
Contar con amigos, familiares y otros seres queridos que brinden apoyo emocional y aliento puede ayudarnos a superar situaciones difíciles. La posibilidad de compartir nuestras emociones y preocupaciones con otros puede aliviar la carga emocional y proporcionar perspectivas valiosas.

- **Desarrollar la flexibilidad y la adaptabilidad:**
Las personas resilientes son capaces de ajustar sus enfoques y estrategias cuando enfrentan obstáculos. Esta capacidad de adaptación nos permite encontrar soluciones alternativas y mantenernos firmes incluso cuando las cosas no salen como esperábamos.

- **Mantener una mentalidad de Autocompasión:**
La autocompasión es la capacidad de tratarnos a nosotros mismos con amabilidad y comprensión, especialmente en momentos de dificultad. En lugar de criticarnos duramente por nuestros errores o fallos, practicar la autocompasión implica reconocer nuestra humanidad y tratar nuestras propias experiencias con ternura y aceptación.

- **Confianza en la propia capacidad:**
Desarrollar la confianza en nuestras habilidades para afrontar los desafíos es fundamental para la resiliencia. Al reconocer nuestras fortalezas y habilidades, podemos enfrentar las adversidades con mayor seguridad. La autoeficacia, la creencia en nuestra capacidad para lograr metas y superar obstáculos, es un pilar clave de la resiliencia.

- **Afrontamiento activo y solución de problemas:**

Las personas resilientes tienden a ser proactivas en la búsqueda de soluciones. En lugar de sentirse impotentes frente a los desafíos, adoptan una mentalidad de solucionar problemas. Identifique las áreas que pueden controlar y toman medidas para cambiar lo que está en su poder. Este enfoque activo puede aumentar la sensación de control y reducir el estrés.

- **Aprender de las adversidades:**

Las experiencias difíciles son oportunidades para aprender y crecer. Cultivar una mentalidad de aprendizaje nos permite ver las adversidades como lecciones valiosas. Reflexionar sobre nuestras experiencias, identificar lo que hemos aprendido y cómo podemos aplicar esas lecciones en el futuro es fundamental para el desarrollo de la resiliencia.

- **Cultivar la gratitud y la resiliencia:**

La gratitud puede actuar como un poderoso amortiguador contra las dificultades. Enfocarnos en las cosas por las que estamos agradecidos, incluso en medio del dolor, puede cambiar nuestra perspectiva y aumentar nuestra resistencia emocional. Practicar la gratitud regularmente puede ayudarnos a mantener una actitud positiva incluso en tiempos difíciles.

- **Mantener relaciones fuertes:**

Las conexiones sociales sólidas son un recurso crucial en tiempos de adversidad. Cultivar relaciones fuertes y de apoyo nos proporciona un sistema de soporte emocional. Poder compartir nuestras emociones y preocupaciones con personas de confianza puede aliviar la carga emocional y fortalecer nuestra capacidad para enfrentar desafíos.

Aprendizaje y Crecimiento: Encontrando significado en la adversidad

Enfrentar el síndrome del corazón roto y otras adversidades emocionales puede ser increíblemente doloroso, pero también puede ser una oportunidad para el aprendizaje y el crecimiento personal.

- **Aceptar el cambio y la impermanencia:**
Las rupturas sentimentales a menudo nos recuerdan la naturaleza impermanente de la vida y la inevitabilidad del cambio. Aprender a aceptar y adaptarse a estos cambios es esencial para nuestro crecimiento personal. Al reconocer que la vida está en constante cambio, podemos desarrollar la habilidad de fluir con las circunstancias, en lugar de resistirnos a ellas.

- **Descubrir la resiliencia interna:**
Las adversidades nos muestran nuestra propia fuerza y resiliencia. A medida que enfrentamos y superamos desafíos emocionales, desarrollamos una mayor confianza en nuestra capacidad para manejar el sufrimiento y encontrar soluciones. Este proceso puede construir una profunda autoconfianza y una sensación de empoderamiento.

- **Cultivar la empatía:**
Las experiencias difíciles pueden hacer que seamos más comprensivos y empáticos hacia los demás que

enfrentan desafíos similares. Al comprender nuestro propio dolor, somos capaces de conectarnos de manera más genuina con las luchas de los demás. La empatía no solo beneficia nuestras relaciones, sino que también nos brinda una perspectiva más amplia sobre la humanidad y el sufrimiento.

- **Aprender a dejar ir:**

El proceso de dejar ir, ya sea una relación pasada o emociones negativas asociadas con una ruptura, es una lección valiosa. Aprender a soltar el pasado nos libera de su carga emocional y nos permite avanzar con ligereza y apertura hacia el futuro. Esto implica soltar resentimientos, expectativas no cumplidas y el deseo de cambiar lo que no podemos controlar.

- **Encontrar significado y propósito:**

Las dificultades pueden conducir a una búsqueda más profunda de significado en la vida. Al cuestionar nuestras creencias y valores, podemos descubrir nuevos propósitos y direcciones. La búsqueda de significado puede llevarnos a explorar pasiones, conexiones sociales más auténticas o involucrarnos en actividades altruistas. Encontrar significado puede transformar una experiencia dolorosa en un motor para el crecimiento personal.

Aprender y crecer a partir de las adversidades no es fácil, pero puede ser profundamente transformador. A medida que enfrentamos el síndrome del corazón roto, las lecciones que extraemos y el crecimiento que experimentamos nos ayudan a convertir el dolor en sabiduría y la tristeza en fuerza. El proceso de aprendizaje y crecimiento nos permite no solo superar el dolor, sino también emerger como versiones más fuertes, comprensivas y auténticas de nosotros mismos.

Cuidado personal y apoyo social: Pilares de la resiliencia emocional

En tiempos de dificultad, el cuidado personal y el apoyo social son fundamentales para la resiliencia emocional. En este apartado, exploraremos cómo el cuidado personal, que abarca el autocuidado y el amor propio, junto con el apoyo social, pueden actuar como pilares sólidos para superar el síndrome del corazón roto y otras adversidades emocionales.

- **Cuidado personal:**

Autocuidado Físico: Establecer rutinas regulares de ejercicio, comer alimentos nutritivos y dormir lo suficiente son esenciales para el bienestar físico y emocional. El ejercicio libera endorfinas, que actúan como analgésicos naturales, mientras que una dieta equilibrada y un sueño adecuado fortalecen el sistema inmunológico y mejoran el estado de ánimo.

Mentalidad Positiva: Cultivar una mentalidad positiva implica desafiar pensamientos negativos y practicar la gratitud. Mantener un diario de gratitud, donde escribas cosas por las que estás agradecido cada día, puede cambiar tu enfoque hacia aspectos más positivos de la vida, incluso en tiempos difíciles.

Gestión del Estrés: Incorporar técnicas de manejo del estrés como la meditación, la respiración profunda o el yoga puede reducir la ansiedad y promover la relajación. Estas prácticas ayudan a calmar la mente, lo que facilita la toma de decisiones y la gestión de emociones intensas.

Establecer Límites: Aprender a decir "no" de manera saludable y establecer límites en las relaciones y las responsabilidades puede prevenir el agotamiento emocional. Establecer límites claros protege tu tiempo y energía, permitiéndote centrarte en lo que es verdaderamente importante para tu bienestar.

- **Apoyo social:**

Familia y amigos: Mantener conexiones cercanas con familiares y amigos puede proporcionar un valioso sistema de apoyo. Compartir tus pensamientos y emociones con personas de confianza puede aliviar la carga emocional y ofrecer diferentes perspectivas sobre la situación.

Grupos de apoyo: Participar en grupos de apoyo donde las personas comparten experiencias similares puede ser reconfortante y empoderador. Estos grupos proporcionan un espacio seguro para expresar tus sentimientos y escuchar las experiencias de otros, lo que puede ayudarte a sentirte comprendido y menos solo en tus luchas.

Terapia profesional: La terapia con un profesional de la salud mental ofrece un espacio confidencial para explorar tus pensamientos y emociones. Un terapeuta puede proporcionarte herramientas y estrategias específicas para afrontar el síndrome del corazón roto y otras dificultades emocionales.

Actividades sociales: Participar en actividades sociales y recreativas te exponen a nuevas experiencias y personas. Esto no solo te brinda distracción y alegría, sino que también amplía tu red social, proporcionándote más oportunidades para el apoyo emocional.

La importancia del propósito: Encontrando significado en la adversidad

En momentos de desafío y sufrimiento, descubrir y aferrarse a un propósito puede ser un faro de luz que nos guía a través de la oscuridad.

Sentido de dirección: Tener un propósito nos proporciona una dirección clara en la vida. Nos ayuda a establecer metas y a enfocar nuestras energías en actividades y relaciones que son significativas para nosotros. Un propósito claro puede actuar como un motivador, inspirándonos a superar obstáculos y seguir adelante, incluso cuando todo parece desmoronarse.

Fuente de resiliencia: El propósito puede ser una fuente de resiliencia emocional. Cuando enfrentamos desafíos, tener un propósito nos brinda la fuerza para resistir y persistir. Nos da una razón para levantarnos por la mañana y enfrentar el día con determinación, incluso cuando nos sentimos abrumados por el dolor.

Sentido de comunidad: Un propósito compartido puede unirnos con otros. Ya sea a través del trabajo voluntario, el activismo social o la participación en comunidades de interés, tener un propósito puede conectarnos con personas que comparten nuestras creencias y valores. Estas conexiones sociales pueden proporcionar apoyo emocional y una sensación de pertenencia, lo que es esencial para nuestra salud mental y emocional.

Transformación del dolor: Encontrar un propósito en el dolor puede transformar nuestra experiencia de la adversidad. Cuando utilizamos nuestras propias luchas como una fuente de inspiración para ayudar a los demás, el dolor se convierte en un catalizador para el crecimiento personal y la contribución positiva. Esta transformación puede darles un nuevo significado a nuestras experiencias difíciles y permitirnos verlas como parte de un viaje más amplio hacia el crecimiento y la sabiduría.

Crecimiento personal: Nos desafía a salir de nuestra zona de confort, a aprender nuevas habilidades y a desarrollar una mayor comprensión de nosotros mismos y del mundo que nos rodea. Este crecimiento personal puede ser fundamental para superar el dolor emocional y para encontrar una sensación de logro y satisfacción en medio de la adversidad.

En última instancia, encontrar significado y propósito en la adversidad nos permite trascender el sufrimiento y transformarlo en algo significativo y valioso. Al identificar nuestros valores, pasiones y contribuciones únicas al mundo, podemos enfrentar el síndrome del corazón roto y otras dificultades emocionales con una determinación renovada y una sensación de dirección. Encontrar un propósito puede ser el faro que nos guía a través de las tormentas emocionales, permitiéndonos emerger más fuertes y más sabios del otro lado.

Este capítulo nos ha servido como una guía práctica para fortalecer la resiliencia, equipando a los lectores con las herramientas mentales y emocionales necesarias para superar el síndrome del corazón roto. Al aprender a enfrentar las adversidades con valentía y esperanza, los lectores pueden encontrar el camino hacia la renovación personal y el florecimiento después de una ruptura amorosa.

Capítulo 5
El arte del autoamor:
Sanar desde adentro"

Después de una ruptura, el amor propio se convierte en un salvavidas emocional y mental. En este capítulo, exploraremos cómo cultivar el amor propio, no solo para sanar un corazón roto, sino también para establecer una base sólida para futuras relaciones y una vida llena de significado y satisfacción.

El viaje hacia el autoconocimiento: Descubriendo tu verdadero ser en medio de la adversidad

El autoconocimiento es un viaje profundo hacia el entendimiento y la aceptación de uno mismo. En tiempos de adversidad, este viaje puede convertirse en una brújula invaluable, guiándote a través del síndrome del corazón roto y otras dificultades emocionales. En este apartado, exploraremos cómo el autoconocimiento puede ser una herramienta poderosa para superar las adversidades y encontrar la paz interior.

Explorando tus emociones: El autoconocimiento comienza con la capacidad de reconocer y explorar tus emociones. En medio de la adversidad, es común sentir una gama compleja de emociones, desde la tristeza hasta la ira y la confusión. Aprender a identificar y aceptar estas emociones, sin juzgarte por sentirte de cierta manera, es esencial para tu bienestar emocional.

Reflexionando sobre tus creencias y valores: Las adversidades a menudo desafiaban nuestras creencias y valores fundamentales. Tomarte un tiempo para reflexionar sobre lo que realmente crees y valoras puede ayudarte a encontrar un sentido de orientación en medio del caos. Pregúntate a ti mismo qué es verdaderamente importante para ti y cómo estas creencias pueden guiarte a través de la dificultad. Un consejo, pregúntate "¿Por qué creo lo que creo?".

Explorando tus fortalezas y debilidades: Todos tenemos fortalezas y debilidades únicas. Conocer tus fortalezas puede aumentar tu confianza y autoestima, mientras que ser consciente de tus debilidades puede ayudarte a identificar áreas de crecimiento. Aceptarte a ti mismo en tu totalidad, con todas tus imperfecciones, es un paso crucial hacia la autoaceptación y el amor propio. Si te critican, debes entender que "todos" tenemos una parte jodida en nuestro ser, y que es la oportunidad para conocerla.

Practicando la Atención Plena y la meditación: La atención plena (mindfulness) y la meditación son prácticas poderosas que te conectan con el momento presente. Estas técnicas te ayudan a liberarte de pensamientos y preocupaciones pasadas o futuras, permitiéndote encontrar paz en el presente. La plena atención también puede ayudarte a ser más consciente de tus emociones y pensamientos, lo que te brinda una perspectiva más clara sobre ti mismo.

Aceptando la impermanencia: La vida está en constante cambio. Aceptar la naturaleza impermanente de todas las cosas, incluyendo las adversidades, puede ayudarte a soltar el apego a las circunstancias y encontrar una sensación de paz en medio del cambio constante. Al reconocer que todo en la vida es temporal, puedes aprender a apreciar cada momento, incluso los desafíos, como oportunidades para el crecimiento.

Buscando el significado interno: El autoconocimiento puede llevarte a un profundo sentido de significado interno. Al descubrir quién eres realmente, más allá de las etiquetas y roles externos, puedes encontrar un sentido de propósito que es intrínseco y auténtico. Este sentido de significado interno puede guiarte incluso en los momentos más oscuros, proporcionándote una fuente constante de fuerza y dirección.

El viaje hacia el autoconocimiento es una búsqueda continua que puede ser especialmente transformadora en tiempos de adversidad. Al comprenderte a ti mismo más profundamente, puedes aprender a enfrentar el síndrome del corazón roto desde un lugar de autenticidad y comprensión. Este viaje te brinda las herramientas para no solo superar las dificultades, sino también crecer a partir de ellas, emergiendo más fuerte y más consciente de tu verdadero ser.

La práctica de la gratitud: Transformando la adversidad en abundancia interior

La gratitud es una práctica poderosa que puede transformar la forma en que percibimos el mundo, especialmente durante períodos de adversidad como el síndrome del corazón roto. Esta práctica no implica ignorar el dolor, sino encontrar momentos de luz incluso en las situaciones más oscuras. En este apartado, exploraremos cómo la gratitud puede ser una herramienta fundamental para superar la adversidad y cultivar una sensación de abundancia interior.

Cambiar la perspectiva: La gratitud nos ayuda a cambiar nuestra perspectiva, enfocándonos en lo que tenemos en lugar de lo que nos falta. En medio del dolor emocional, encontrar pequeños momentos por los cuales estar agradecidos puede actuar como un recordatorio de que, incluso en la adversidad, hay belleza y bondad en el mundo.

Fomentar la resiliencia: Como vimos en el capítulo anterior, la práctica regular de la gratitud puede fortalecer nuestra resiliencia emocional. Al enfocarnos en aspectos positivos, incluso en tiempos difíciles, desarrollamos una mentalidad más resistente que nos ayuda a enfrentar los desafíos con determinación y esperanza. La gratitud nos brinda la fuerza para seguir adelante, incluso cuando enfrentamos la peor de las tormentas emocionales.

Fomentar conexiones sociales: Expresar gratitud hacia los demás fortalece nuestras conexiones sociales. Mostrar aprecio y reconocimiento hacia las personas que nos apoyan crean lazos más profundos y significativos. Estas conexiones sociales sólidas actúan como un amortiguador emocional durante los tiempos difíciles, proporcionándonos un sistema de apoyo fuerte y afectuoso.

Mejorar la relación con uno mismo: La gratitud también puede mejorar nuestra relación con nosotros mismos. Al reconocer y apreciar nuestras propias fortalezas y logros, cultivamos la autoaceptación y el amor propio. Esto nos permite enfrentar la adversidad con una mayor confianza en nuestras habilidades para superar los desafíos y salir fortalecidos.

Crear un ritual diario: Establecer un ritual diario de gratitud, como escribir en un diario tres cosas por las que estás agradecido cada día, puede hacer que esta práctica sea parte de tu vida cotidiana. Estos momentos de reflexión pueden ser pequeños faros de luz que te guían incluso en los días más oscuros, recordándote las bendiciones que aún existen en tu vida.

Al cultivar la gratitud, transformamos la adversidad en una oportunidad para crecer y aprender. Encontrar cosas por las que estar agradecidos, incluso en medio del síndrome del corazón roto, nos ayuda a encontrar fuerza en la vulnerabilidad y a ver la vida de una manera más equilibrada y esperanzada. La gratitud se convierte en un faro de luz en nuestra travesía, iluminando el camino hacia la sanación y la abundancia interior.

La autoafirmación y el perdón: Liberando el poder de la compasión interior

La autoafirmación y el perdón son dos prácticas profundamente transformadoras que pueden desempeñar un papel crucial en la superación del síndrome del corazón roto y otras adversidades emocionales. En este caso, exploraremos cómo la autoafirmación y el perdón no solo nos ayudan a sanar las heridas emocionales, sino también a liberarnos del peso del pasado ya construir un futuro lleno de amor propio y compasión.

La Autoafirmación:

Reconociendo tu valor: La autoafirmación implica reconocer y aceptar tu valor intrínseco como persona. Comprender que mereces amor, respeto y felicidad es el primer paso hacia el amor propio. Afirma tus logros, habilidades y cualidades positivas. Haz una lista de tus éxitos y recuerda tus cualidades que los demás aprecian. Repite estas afirmaciones positivas sobre ti mismo diariamente para fortalecer tu autoestima.

Estableciendo límites: La autoafirmación también se trata de establecer límites saludables en tus relaciones y en cómo permites que otros te traten. Aprende a decir "no" cuando sea necesario y no sentirte culpable por poner tus necesidades primero. Establecer límites claros es un acto de amor propio y autoafirmación.

El Perdón:

Perdonándote a ti mismo: El perdón hacia uno mismo es un acto poderoso de liberación. Todos cometemos errores y tenemos momentos de debilidad. Aprende a perdonarte a ti mismo por tus errores pasados. Reconoce que eres humano y mereces compasión. El perdón hacia uno mismo te permite soltar la culpa y la vergüenza, allanando el camino para la sanación emocional.

Perdonando a los demás: Perdonar a aquellos que te han herido no implica justificar sus acciones, sino liberarte del resentimiento y el dolor. El perdón es un regalo que te das a ti mismo, liberándote de las cadenas emocionales del pasado. No es necesario olvidar lo que sucedió, pero liberar el resentimiento te permite avanzar con ligereza y paz.

Cultivando la compasión interior:

Prácticas de bondad: Cultiva la compasión hacia ti mismo a través de prácticas de bondad amorosa. Dedica tiempo a meditar o reflexionar sobre deseos de felicidad y amor para ti mismo. Estas prácticas fomentan la autoaceptación y te ayudan a desarrollar un corazón compasivo hacia tus propias luchas y desafíos.

Autocompasión: La autocompasión implica tratarte a ti mismo con la misma amabilidad y apoyo que ofrecerías a un ser querido. En lugar de criticarte por tus errores, habla contigo mismo con palabras de apoyo y comprensión. La autocompasión te brinda consuelo y fuerza en tiempos difíciles.

La autoafirmación y el perdón son actos de amor propio que te liberan del pasado y te permiten vivir en el presente con una mayor sensación de paz y autoaceptación. Al afirmarte y perdonarte a ti mismo, estás construyendo un cimiento sólido para tu bienestar emocional y tu resiliencia. Estas prácticas no solo te ayudan a superar el síndrome del corazón roto, sino que también te empoderan para abrazar la vida con una nueva confianza y compasión. Al liberarte del peso del pasado, puedes abrazar un futuro lleno de amor propio y crecimiento personal.

Fomentar relaciones positivas: Cultivando conexiones significativas en tiempos de dificultad

Las relaciones humanas son fundamentales para nuestra felicidad y bienestar emocional. En medio de la adversidad, las relaciones positivas no solo proporcionan apoyo emocional, sino que también actúan como un bálsamo sanador para el alma. En este apartado, exploraremos cómo fomentar relaciones positivas puede ser un salvavidas emocional durante el síndrome del corazón roto y otras dificultades emocionales.

Comunicación auténtica:

Escucha empática: La escucha activa y empática es la base de toda buena comunicación. Estar realmente presente cuando alguien más está hablando, mostrando interés y comprensión, fortalece los lazos emocionales y crea un espacio seguro para compartir pensamientos y emociones.

Habla desde el corazón: Comparte tus propias emociones y pensamientos de manera abierta y honesta crea una conexión genuina con los demás. Ser vulnerable en tus relaciones puede ser aterrador, pero también es la clave para construir relaciones profundas y significativas.

Apoyo mutuo:

Apoyo emocional: Ofrecer y recibir apoyo emocional es esencial en tiempos de dificultad. Ser un hombro en el que alguien más pueda apoyarse y saber que también tienes ese apoyo cuando lo necesitas crea una red de seguridad emocional.

Colaboración y compartir responsabilidades: Trabajar juntos en proyectos o tareas compartidas no solo aligera la carga, sino que también fomenta el compañerismo y la conexión. La colaboración en actividades cotidianas puede fortalecer la sensación de equipo y unidad.

Fomentar la empatía:

Ponerse en el lugar del otro: Practicar la empatía implica ponerse en el lugar del otro, tratando de comprender sus emociones y perspectivas. La empatía crea una conexión profunda al demostrar que realmente nos importan los sentimientos y experiencias de los demás.

Practicar actos de bondad: Pequeños gestos de bondad pueden tener un impacto significativo. Una palabra amable, un gesto considerado o una ayuda inesperada pueden alegrar el día de alguien y fortalecer los lazos emocionales.

Establecer límites saludables:

Respetar los límites personales: Es importante respetar los límites personales y emocionales de los demás, así como comunicar y hacer respetar los tuyos. Establecer límites saludables en las relaciones garantiza que haya espacio para la individualidad y el respeto mutuo.

Cultivar el perdón y la compasión:

Perdonar los errores: Las relaciones a veces implican desafíos y desacuerdos. Practicar el perdón en las relaciones, incluso cuando las cosas se ponen difíciles, permite que la relación crezca más allá de los errores y conflictos.

Compasión y apoyo en los momentos difíciles: Estar ahí para los demás durante los momentos difíciles, sin juzgar, demuestra compasión y solidaridad. La compasión es una fuerza poderosa que une a las personas y fomenta una sensación de comunidad y apoyo mutuo.

Construyendo puentes hacia el bienestar emocional

Fomentar relaciones positivas no solo mejora tu bienestar emocional, sino que también crea una red de apoyo crucial durante el síndrome del corazón roto y otras adversidades emocionales. Al cultivar conexiones significativas, estás construyendo puentes hacia el amor, la comprensión y la empatía. Estas relaciones no solo te ayudan a superar las dificultades, sino que también enriquecen tu vida diaria, brindándote alegría y una sensación de pertenencia. Al fomentar relaciones positivas, estás invirtiendo en tu propia felicidad y en la felicidad de quienes te rodean.

Capítulo 6
Relaciones saludables:
Construyendo un futuro duradero

En este último capítulo, nos enfocaremos en cómo aprender de las experiencias pasadas para que puedan influir positivamente en las futuras relaciones. Exploraremos cómo establecer límites saludables, comunicarse efectivamente y mantener el equilibrio entre la independencia y la intimidad. Proporcionaremos consejos para cultivar relaciones sólidas y significativas, basadas en el respeto mutuo y la comprensión, brindando a los lectores las herramientas necesarias para construir relaciones duraderas y amorosas en el futuro.

Comencemos hablando de las relaciones con desequilibrio:

Relaciones tóxicas

¡No hay relaciones tóxicas…, hay relaciones donde se altera el equilibrio! Donde las partes creen que algunos recursos están infravalorados y otros sobrevalorados, es decir, cada lado da más que el otro, donde se interrumpe el "intercambio de energía". Por ejemplo, donde se subestiman los recursos materiales que uno aporta y se sobreestima la "entrega de recursos sentimentales" o viceversa.

Para eliminar una posible toxicidad, es necesario que ambas partes se den cuenta y evalúen con seriedad su contribución y la de su pareja (en parte, esta función la cumple el contrato matrimonial). Tales acuerdos requieren voluntad de entablar diálogo, autorreflexión y compromiso. Sin estos componentes, restablecer el equilibrio se vuelve imposible.

Las relaciones tóxicas son relaciones donde no se encuentra/se pierde el equilibrio, donde las partes no pueden encontrar un enfoque común y están decepcionadas por la contribución del otro... Casi todas las relaciones son tóxicas en un grado u otro. Y la falta de relaciones también es tóxica. El ser humano necesita al ser humano. Encontrar una relación en la que el elemento tóxico esté completamente ausente es casi imposible. Por tanto, hay que elegir entre la toxicidad de las relaciones y la toxicidad de la soledad.

Los adictos a relaciones tóxicas son en gran parte culpables del surgimiento de nuevas personas tóxicas. La posición infantil "Soy bueno, lograría mucho, pero estoy rodeado de personas tóxicas que no hacen más que hacerme retroceder en mis intentos de lograr el éxito, minando mi autoconfianza e impidiéndome desarrollar todo mi potencial" es a menudo una defensa psicológica de no aceptar las propias limitaciones.

Las personas tóxicas, por supuesto, existen, pero no en cantidades tan gigantescas como para justificar los propios "fracasos". Las personas que te rodean y las relaciones que con ellas creas, no son tan tóxicas como la creencia tóxica de que son estos fenómenos los que arruinan tu vida. Transferir la responsabilidad a fenómenos tóxicos es una reacción infantil.

La Codependencia: Un vínculo tóxico que requiere sanación

La codependencia es un término que ha ganado prominencia en los últimos años, a medida que la conciencia sobre la salud mental y las relaciones saludables han ido en aumento. Este concepto se refiere a un patrón de comportamiento en el cual una persona se encuentra emocionalmente dependiente de otra, a menudo en el contexto de una relación interpersonal. La codependencia puede manifestarse en diversas formas, como relaciones de pareja, amistades, relaciones familiares o incluso en el lugar de trabajo. Este fenómeno, aunque común, puede ser profundamente destructivo para todas las partes involucradas.

¿Cómo Identificar la Codependencia?

La codependencia puede ser difícil de identificar, ya que las personas involucradas a menudo se enmascaran en roles de cuidadores, rescatadores o personas sumamente complacientes. Algunos signos comunes de codependencia incluyen:

Baja autoestima: Las personas codependientes a menudo tienen una percepción negativa de sí mismas y buscan validación en las opiniones de los demás.

Miedo al abandono: Las personas codependientes temen ser abandonadas o rechazadas, lo que las lleva a comportarse de maneras extremas para evitar esto.

Dificultad para establecer límites: Tienen problemas para decir no, incluso cuando están agotadas física o emocionalmente.

Necesidad de control: Las personas codependientes a menudo intentan controlar a los demás para sentirse seguras y evitar situaciones incómodas.

Dificultad para expresar emociones: Pueden tener dificultades para identificar y expresar sus propias emociones, centrándose en cambio en los sentimientos de los demás.

La codependencia a menudo tiene sus raíces en la infancia, donde un ambiente familiar disfuncional puede haber llevado a la formación de patrones de comportamiento codependientes. Las personas que crecen en familias donde hay adicciones, abuso emocional o físico, o falta de límites claros son más propensas a desarrollar comportamientos codependientes en la edad adulta. Si de niño se vivió con un padre alcohólico y violento, es muy probable que de adulto se elija a una pareja de tales características, ya que de niño se aprendió a sobrevivir en tales circunstancias.

Superar la codependencia es un proceso que implica autoaceptación, establecimiento de límites saludables y desarrollo de una sólida autoestima. La terapia individual o de pareja puede ser una herramienta invaluable para las personas que luchan con la codependencia, ya que proporciona un espacio seguro para explorar los patrones de comportamiento y aprender habilidades para establecer relaciones más saludables.

Además, la autoexploración y el autocuidado son cruciales en el camino hacia la recuperación. Aprender a amarse a uno mismo, establecer límites claros y aprender a decir "no" son pasos fundamentales para romper los lazos de la codependencia. La meditación, el yoga, la escritura terapéutica y otras prácticas de autocuidado también pueden desempeñar un papel importante en la sanación emocional.

En última instancia, la clave para superar la codependencia radica en cultivar relaciones saludables consigo mismo y con los demás. Esto implica aprender a ser independiente emocionalmente, confiar en uno mismo y en los demás, y establecer límites claros que respeten tanto nuestras propias necesidades como las de los demás. La comunicación abierta y honesta, el respeto mutuo y el apoyo emocional son los cimientos de relaciones sólidas y saludables.

Segunda oportunidad: ¿Vale la pena intentarlo?

Romper una relación siempre es estresante. Independientemente de quién inició la ruptura, ambos la vivirán de una forma u otra.

Puedes romper por varias razones. Por supuesto, la mayoría de las veces esto sucede por razones muy graves: traición, violencia doméstica, mentiras. Pero sucede a menudo que los problemas se silencian, el diálogo fracasa, los agravios se acumulan y uno de los socios no puede contenerse. Explotó, cerró la puerta de golpe, rompió la relación, aparentemente para siempre. Pasa el tiempo y este escenario empieza a parecer el único cierto. Algunos quieren volver, otros no lo desean. Pero ambos se preguntan: ¿vale la pena darle una segunda oportunidad a una relación o no es necesario volver a entrar en este torrentoso río?

¿Cuándo es un "NO" absoluto?

Los conflictos ocurren en cualquier familia (en cualquier relación). Esto es la vida cotidiana y eso es normal. Pero... la violencia en cualquiera de sus formas es absolutamente inaceptable. No hay razones ni explicaciones para la violencia. Esta no es la norma, sino que indica ciertos trastornos mentales. La violencia es una violación de los límites y no puede haber justificación ni explicación para ella. Y sí, la violencia puede volver a ocurrir, por mucho que quieras creer en la "conciencia y el arrepentimiento". El hecho es que la violencia doméstica es un motivo grave para no darle una segunda oportunidad a una relación.

Adicción al juego, drogadicción, alcoholismo. Si rompiste por alguno de esos motivos, también deberías poner fin a la relación, si consideras que la adicción es más fuerte que la relación contigo. Es posible que el otro, o tú mismo no puedas arreglártelas solo; en tales casos, es necesario consultar a un especialista; aquí a menudo hablamos de codependencia. No vale la pena darle una segunda oportunidad a la relación si tu pareja, tratando de recuperarte, no va a escucharte y ceder en absoluto a su adicción. Rompiste debido a la incapacidad de comunicarte y llegar a un acuerdo. Es poco probable que se vuelvan a reunir en el mismo tono. Y, por supuesto, una segunda oportunidad para una relación es algo que debe tomarse con seriedad y responsabilidad. Si tu pareja cree que esto es una especie de cambio y que las relaciones pueden destruirse y construirse como bloques de un juego de LEGO, definitivamente no estás en el camino correcto.

¿Cuándo es posible el "SÍ"?

Lo primero que hay que hacer después de una ruptura es reducir el ritmo. Tómate un tiempo para pensar en la situación, no te apresures a regresar. Se trata de una especie de "conexión a tierra", que ayuda a la psique en una situación estresante a activar los mecanismos de defensa y salir con las menores pérdidas. También es importante comprender que la relación no comenzará desde el momento de su separación. Esta no es una vida en pausa. Durante el tiempo que no estuvieron juntos, ambos cambiaron. Y sólo aceptando este hecho podrás intentar construir de nuevo.

Será posible un reencuentro si hay un deseo de cambiar. Ocurre después de darse cuenta de los errores. Tras una ruptura, cualquier persona analiza sus acciones y saca determinadas conclusiones. El cambio es una oportunidad para mejorar la vida. Hay una importante experiencia de pérdida. Sí, se trata exactamente de "lo que tenemos, y no sabemos conservarlo". Habiendo pasado por pérdidas, una persona comienza a apreciar y se esfuerza por proteger lo que tiene. Familia, amigos, momentos felices, tradiciones y forma de vida: todo esto de repente deja de ser tan familiar y común, pero adquiere un enorme significado. Cuando se produce tal revalorización, una persona vuelve a tratar con cuidado y delicadeza todo lo que ya ha perdido.

Qué hacer para que todo salga bien: Pasó el tiempo, te calmaste, exhalaste y decidiste que necesitabas esta relación. Independientemente de quién dé el primer paso, ambos socios deben aceptar y comprender algunas cosas. Es necesario aceptar que una "segunda oportunidad en una relación" no significa que todo será perfecto. Sí, estás herido y, por tanto, cuidadoso y delicado. Pero esto no es garantía de que todo saldrá bien. Puede que simplemente no funcione así, sin ciertas razones. ¿Recuerdas que mientras estaban separados cambiaste? Así que acepta el hecho de que cualquier cosa puede pasar. Esto te permitirá aceptar cualquier resultado con dignidad.

Ser paciente. Tanto usted como su pareja no se volvieron perfectos de repente después de toda la reflexión, el autodescubrimiento y el salir de su zona de confort. Es posible que ambos sigan cometiendo errores. En el camino de la reunificación, es posible que tampoco comprendan algo y no se escuchen uno al otro. Por tanto, lo mejor que pueden hacer es tenerse paciencia.

No recuerdes las cosas malas. Incluso si fuiste abandonado y consideras que no fue tu culpa. Aquí es muy importante entender la diferencia entre "guardar rencores en silencio para ti mismo" y "dejar de lado los rencores". De hecho, lo que te hizo daño ya pasó. Es necesario resolver esto, expresarlo y liberarlo.

Ya no hay necesidad de temer lo peor. Ya no da miedo, porque tienes una gran oportunidad de hacer todo bien. Las relaciones son trabajo. Esto es trabajo en uno mismo, esto es desarrollo conjunto, este es un camino interesante con errores y compromisos, pero lo principal es que este es un camino juntos. Ahora estás empezando a tener una experiencia útil trabajando en errores. En primer lugar, se trata de trabajar en tus propios errores. Este es un momento de análisis y autodescubrimiento. Ahora es el momento de trabajar en todo: fuerza de voluntad, paciencia, capacidad de comprender y aceptar.

Cuando decidas aprovechar una segunda oportunidad, recuerda que tu relación es muy frágil en estos momentos. Y sólo está en tus manos poder hacerlos fuertes y saludables.

Inventa algo nuevo. Un cambio de entorno es una poderosa ayuda y recurso para el futuro. Propongan y hagan algo juntos. Apoya a tu pareja cuando te ofrezca algo. No tienen por qué ser unas vacaciones extremas o un cambio de ubicación. Una cita, un pasatiempo compartido, un viaje corto e improvisado... incluso lo que parece una pequeña cosa juega a favor de vuestra relación. Las relaciones humanas son un gran regalo. Pueden romperse y perderse rápidamente. Pero al mismo tiempo es necesario comprender que el camino hacia el establecimiento de relaciones no será fácil.

El rol del perdón y la adaptabilidad:

El perdón y la adaptabilidad son dos herramientas poderosas que pueden convertir las dificultades emocionales, incluido el síndrome del corazón roto, en oportunidades para el crecimiento personal y emocional.

- **El perdón como liberación:**
Dejar ir el peso del pasado: El perdón es un acto de liberación. Al perdonar, no estás absolviendo a la otra persona de su responsabilidad, sino liberándote a ti mismo del peso del rencor y el odio. Al dejar ir la carga del pasado, puedes avanzar con ligereza hacia el futuro.

Fomentar la empatía: Perdonar implica ponerse en el lugar del otro, entender sus circunstancias y elecciones. Al cultivar la empatía, no solo estás liberando al otro de tu enojo, sino que también estás creando una conexión humana más profunda.

- **La adaptabilidad como fortaleza:**
Aceptar el cambio: La vida está en constante cambio. Ser adaptable significa aceptar que las cosas no siempre saldrán como planeaste y estar dispuesto a ajustar tus expectativas. Aprender a fluir con los

cambios en lugar de resistirte a ellos puede reducir el estrés y la ansiedad.

Crecer a través de los desafíos: Los desafíos y las dificultades son oportunidades disfrazadas. La adaptabilidad te permite ver más allá de la adversidad y encontrar lecciones en las experiencias difíciles. Cada desafío superado te hace más fuerte y más resistente para enfrentar futuros obstáculos.

Reflexión y aprendizaje

Debemos ir concluyendo este capítulo y el libro, alentando a los lectores a reflexionar sobre las lecciones aprendidas en sus relaciones pasadas, ya que esas experiencias pueden proporcionar perspectivas valiosas sobre lo que queremos y necesitamos en futuros encuentros sentimentales. Debemos destacar la importancia de establecer límites claros y saludables en las relaciones, para proteger nuestra autonomía y bienestar emocional. A la vez, que debemos cultivar la empatía con la pareja, poniéndose en el lugar del otro y así comprender sus sentimientos y perspectivas, fortaleciéndose así los lazos emocionales y fomentando la intimidad.

#####